55 Gründe Trader zu werden

Warum Trader der beste Beruf der Welt ist

FBV

Wieland Arlt

Bibliografische Information der Deutschen Nationalbibliothek
Die Deutsche Nationalbibliothek verzeichnet diese Publikation in der Deutschen Nationalbibliografie. Detaillierte bibliografische Daten sind im Internet über http://dnb.d-nb.de abrufbar.

Für Fragen und Anregungen:
info@finanzbuchverlag.de

1. Auflage 2017

ein Imprint der Münchner Verlagsgruppe GmbH
Nymphenburger Straße 86
D-80636 München
Tel.: 089 651285-0
Fax: 089 652096

Redaktion: Ulrike Kroneck
Korrektorat: Leonie Zimmermann
Umschlaggestaltung: Pamela Machleidt
Umschlagabbildung: Shutterstock/Yuganov Konstantin
Satz: ZeroSoft, Timisoara
Druck: GGP Media GmbH, Pößneck
Printed in Germany

ISBN Print 978-3-95972-014-4
ISBN E-Book (PDF) 978-3-96092-012-0
ISBN E-Book (EPUB, Mobi) 978-3-96092-013-7

Inhalt

Einleitung

Wir alle brauchen hin und wieder eine freundliche Erinnerung, dass wir die Dinge tun, die wir tun sollten. Geht es Ihnen da eventuell genauso? Wir wissen beispielsweise, dass wir uns gesünder ernähren, mehr Sport treiben und generell pfleglicher mit uns selbst umgehen sollten. Und natürlich sollten wir uns unbedingt auch um unsere Finanzen kümmern, um unsere Altersvorsorge – so jedenfalls können wir regelmäßig der Presse entnehmen. Doch tun wir diese Dinge wirklich – Tag für Tag und hoch motiviert mit strenger Disziplin?

Nehmen wir zum Beispiel den Sport. Ich selbst bin leidenschaftlicher Freizeitsportler und tatsächlich gibt es ja ganz unterschiedliche Gründe, die für eine sportliche Betätigung sprechen: die generellen positiven Effekte auf die Gesundheit oder auch die Gemeinschaft im Mannschaftssport. Für die einen ist es schlicht die Freude an der Bewegung, für die anderen der Spaß am Wettbewerb. Letztlich gibt es viele gute Gründe, um sich sportlich zu betätigen.

Trotzdem gelingt es mir auch nicht immer, mich aufzuraffen, um nach einem ereignisreichen Tag eine Runde zu laufen oder ein paar Gewichte zu stemmen. Vielleicht kennen Sie diese Momente ebenfalls, in denen das Sofa einfach bequemer ist, als es Laufschuhe jemals sein könnten. Und so bleiben wir sitzen, einfach weil uns die Motivation fehlt, uns noch einmal aufzuraffen und uns selbst etwas Gutes zu tun.

Motivation ist in diesem Sinne ein wichtiger Punkt. Denn mit Motivation hat natürlich nicht nur der Sport zu tun, sondern so ziemlich alles, womit wir uns beschäftigen. Ob wir uns nun morgens an den Arbeitsplatz begeben, ein gutes Buch lesen, einem interessanten Hobby nachgehen oder eben unseren Sport betreiben – unsere eigene Motivation ist stets der Funke, durch den wir wirklich in die Gänge kommen und loslegen.

Doch mit dem Anfang allein ist es leider nicht getan. Bleiben wir beim Sport. Nehmen wir also einmal an, Sie hätten sich aufgerafft und mit Ihrem Sportprogramm begonnen. In Hamburg ist beispielsweise der rund 7,5 Kilometer lange Lauf um die Außenalster ein beliebtes Freizeitvergnügen. Stellen Sie sich vor, Sie haben sich dazu entschlossen, Ihrer Fitness zuliebe diese Runde in Angriff zu nehmen, und erreichen nach ungefähr 45 Minuten wieder Ihren Ausgangspunkt. Die Runde ist geschafft und Sie sind mit sich hoch zufrieden – bis Sie am nächsten Tag mit einem mörderischen Muskelkater in den Tag starten. Und in genau diesem Moment geht es los. Wo gestern noch Motivation und Euphorie waren, herrscht heute nur noch Schmerz – und eine Frage geht Ihnen unweigerlich durch den Kopf: »Warum sollte ich mir das wieder antun?«

Die Frage nach dem »Warum« steht zunächst einmal bei den allermeisten Aktivitäten am Anfang. »Warum sollte ich etwas tun?« Aber noch viel wichtiger ist die Frage, die man sich nach der Aktivität stellt: »Warum sollte ich etwas weiter tun?« Gerade diese zweite Frage ist entscheidend für den persönlichen Erfolg.

Schaffen wir es vielleicht noch, uns aus einer Laune heraus aktiv mit einer neuen Sache zu beschäftigen, so scheitert das begonnene Unterfangen oftmals im weiteren Verlauf. Nämlich exakt in dem Moment, in dem die ersten Rückschläge auftreten. Wenn beispielsweise nach der Laufrunde der Muskelkater jegliche Bewegung zu einer Erfahrung des Schmerzes macht. Dann kommt der Moment, in dem viele Menschen sich fragen: »Warum sollte ich mir das noch einmal antun?« Oder: »Warum sollte ich damit weitermachen?«

In genau diesem Moment wird die mit hoher Motivation begonnene Aktivität wieder eingestellt. Ob es sich nun um Sport, ein neues Projekt, eine neue Aufgabe oder ein neues Hobby handelt – es sind immer zwei Hürden, die es zu überwinden gilt: den Start und das Weitermachen nach Rückschlägen.

Lassen Sie uns diesen Gedanken nun auf unser eigentliches Thema übertragen – das Trading. Stellen wir doch auch in diesem Zusammenhang die Frage: »Warum sollten Sie mit dem Trading beginnen?«

Ob es nun darum geht, einfach eine sinnvolle und aktive Vermögensverwaltung zu betreiben oder vom Trading zu leben. Es gibt viele gute Gründe, um sich eingehender mit Trading beziehungsweise Börsenhandel zu beschäftigen. Ein paar davon will ich mit Ihnen in diesem Buch näher erörtern.

Sicher werden Sie sich für den einen oder anderen Grund ebenso begeistern können wie ich. Es wird aber auch Gründe geben, die Sie möglicherweise nicht mit mir teilen wollen. Das ist vollkommen in Ordnung, denn dieses Buch soll Ihnen in erster Linie Impulse für weitere eigene Überlegungen geben. In diesem Sinne ist es nicht als Lehrbuch zu verstehen, sondern als Impulsgeber.

Da die meisten ihre Leidenschaft für das Trading neben ihrem Beruf entdecken und irgendwann vielleicht vor der Frage stehen, wie ihr weiterer berufliche Lebensweg aussehen soll, stelle ich in diesem Buch das Arbeiten in einem Unternehmen dem Arbeiten als Trader gegenüber. Picken Sie sich diejenigen Punkte und Gründe heraus, die Sie ansprechen. Deshalb können Sie nach Belieben kreuz und quer lesen, denn das Buch folgt keiner strengen Hierarchie, sondern soll Ihnen auch spontan von Nutzen sein.

Aber selbst wenn Sie bereits mit dem Trading vertraut sind, soll dieses Buch Ihnen einen Mehrwert bieten. Denn dann sind Sie sicherlich ab und an in der Situation, in der Sie nicht den Antrieb zum Anfangen benötigen, sondern die Motivation zum Weitermachen.

Gerade für diejenigen, die Rückschläge zu beklagen haben, diejenigen, bei denen die Dinge einmal nicht so laufen wie geplant, soll dieses Buch ein wertvoller Begleiter sein. Ihnen soll dieses Buch Impulse geben, um die Frage nach dem Weitermachen zu beantworten: »Warum tue ich mir das eigentlich an?«

Welche Gründe gibt es, um mit dem Trading zu beginnen? Warum ist Trader der beste Beruf der Welt? Ganz einfach. Trader ist der beste Beruf der Welt, weil ...

Danksagung

Ich bedanke mich bei meiner Frau und meiner Familie für die intensive und unermüdliche Unterstützung meiner Arbeit und während des Schreibens dieses Buches.

Ich danke dem gesamten Team von WH Selfinvest für die freundliche Unterstützung, die professionelle Betreuung und den intensiven fachlichen Austausch.

WH selfinvest
EINFACH AKTIV ANLEGEN
Aktien | CFD | Forex | Futures | Zertifikate

#1 … weil wir alle Trader sind

»Zeit ist Geld.«

Benjamin Franklin

Anleger, Investor, Trader. Viele Begriffe, viele Tätigkeiten, viele Bilder. Doch wer oder was ist eigentlich ein Trader?

Von Vorurteilen und anderen Argumenten

Das Thema Börsenhandel und Trading ist in der Gesellschaft mit einer ganzen Reihe von Vorurteilen besetzt. Lassen Sie uns daher einmal hinterfragen, was Vorurteile eigentlich sind. Der Soziologe Werner Bergmann schreibt dazu:

> *»Im Alltagsverständnis gebrauchen wir den Begriff Vorurteil, um ausgeprägte positive und negative Urteile oder Einstellungen eines Mitmenschen über ein Vorurteilsobjekt zu bezeichnen, wenn wir sie für nicht realitätsgerecht halten und der Betreffende trotz Gegenargumenten nicht von seiner Meinung abrückt. Da wir in unseren Urteilen zumeist nur unsere Sichtweise wiedergeben und Urteile fast immer gewisse Verallgemeinerungen enthalten, sind in jedem Urteil Momente des Vorurteilshaften zu finden.«*[1]

So weit, so gut. Was genau heißt das jetzt? Ein Vorurteil ist demnach also die Meinung eines anderen, die in unseren Augen nicht zutreffend ist und die dieser trotz Belehrung nicht ändert. Dabei bleibt natürlich offen, wer jetzt tatsächlich die falsche Meinung hat.

Ein interessanter Aspekt dieser Definition liegt für uns in der Aussage, dass »*...der Betreffende trotz Gegenargumenten nicht von seiner Meinung abrückt*«. Damit ist nämlich bereits jetzt klar, dass Sie mit den noch folgenden Argumenten dieses Buches für das Trading in einer Diskussion in einem kritischen Umfeld nicht durchkommen werden. Denn hat Ihr Gegenüber sich erst einmal darauf festgelegt, dass alle Trader Zocker sind, wird er sich auch von Ihren Argumenten nicht mehr vom Gegenteil überzeugen lassen.

Mein Tipp an Sie lautet an dieser Stelle folgerichtig, den Versuch einer Gegenargumentation gar nicht erst zu unternehmen. Eine solche Argumentation macht einfach keinen Sinn. Bevor Sie sich also in endlosen Diskussionen verlieren, genießen Sie lieber die süßen Früchte Ihrer Trading-Arbeit und lassen Sie Ihr Gegenüber ruhig bei seiner Meinung dass es beim Trading mit Ihnen kein gutes Ende nehmen wird. Überzeugen Sie Ihren Gesprächspartner stattdessen lieber durch echte Ergebnisse als durch verbale Argumente. Denn am Ende ist ein Beweis immer noch das beste Argument für die Richtigkeit der eigenen Meinung.

Der Trader in uns allen

Falls Sie sich aber trotz besseren Wissens in eine Diskussion stürzen wollen, so versuchen Sie einmal die folgende Frage: Sind wir nicht alle Trader?

Lassen Sie uns an dieser Stelle den Begriff des Traders einmal genauer anschauen. Was heißt eigentlich Trader? Der Begriff des Traders ist nichts anderes als der englische Ausdruck für Händler. Für diesen Begriff ist es in der Definition zweitrangig, ob der Handel nun auf der Straße, im Ladengeschäft oder auf den Finanzmärkten stattfindet. Handel ist eben Handel – egal von wem, wo und was gehandelt wird. Nach dieser Erwägung haftet dem Begriff des Traders kein Makel an, der ein Vorurteil rechtfertigen würde.

Tatsächlich sind wir alle in gewisser Weise Trader. Selbst als angestellter Mitarbeiter in einem Unternehmen sind Sie Trader. Wir alle sind Händler. Jeder auf seine Art. Glauben Sie nicht? Nun, was macht denn ein angestellter Mitarbeiter? Er verkauft seine Zeit an einen Abnehmer, hier an ein Unternehmen, und bekommt dafür ein monatliches Gehalt. Der Trade ist dementsprechend Zeit gegen Geld. Und natürlich können wir diesen Trade im Grundsatz auch auf Freiberufler oder Selbstständige anwenden.

Falls Ihnen diese Idee zu weit gegriffen erscheint, unternehmen Sie doch einmal folgendes Gedankenexperiment. Wenn Sie sich zwischen einer Tätigkeit, die Ihnen 5000 Euro pro Monat für ein Jahr Ihres Lebens einbringt, und einer Tätigkeit, die Ihnen in der gleichen Zeit 7500 Euro pro Monat verspricht, wählen müssten, wofür würden Sie sich unter sonst gleichen Bedingungen entscheiden? Wir brauchen nicht lange zu überlegen – natürlich entscheiden Sie sich für die Tätigkeit, die Ihnen den größten Profit für Ihren geleisteten Einsatz bringt. Sie wollen für Ihre eingesetzte Lebenszeit den größtmöglichen Ertrag herausbekommen. Für den Trade Zeit gegen Geld wollen Sie die größtmögliche Rendite.

Bekanntlich ist Trading risikobehaftet. Ist dann auch der Trade Zeit gegen Geld risikobehaftet? Selbstverständlich ist er das. Wer sich in seiner Karriereplanung verkalkuliert und auf das falsche Pferd setzt, verliert wertvolle Zeit, um seine eigene Karriere weiter voranzutreiben. Zeit, die an anderer Stelle vielleicht besser investiert gewesen wäre. So müssen wir uns unter diesem Aspekt letztlich immer wieder neu entscheiden: Wo investiere ich am besten? Wo kann ich die besten Ergebnisse erwarten? Wo bekomme ich am meisten für meinen Einsatz?

Halten wir also fest: Ob wir wollen oder nicht, wir alle sind Trader – jeder auf seine Weise.

Kehren wir nun zurück zu den Finanzmärkten, unserer bevorzugten Domäne. Hier treffen sie alle zusammen. Professionelle Händler, risikofreudige Spekulanten, langfristige Investoren und vermögenschaffende Anleger. Alle kaufen und alle verkaufen. Long und short. Wo ein Abnehmer ist, da ist auch ein Anbieter. Der eine will sein Erspartes langfristig und solide anlegen, der andere will ein paar schnelle Punkte mitnehmen. Mittendrin sind Sie und ich. Als Trader. Denn natürlich sind alle diejenigen, die sich auf den Finanzmärkten tummeln, unter dem Oberbegriff »Trader« zu subsumieren. Unabhängig davon, ob diese einmal im Jahr oder einmal in der Minute eine Position eröffnen oder schließen. Denn das Wesen des Tradings ist nun einmal der Handel. Und Handel bedeutet nichts anderes als kaufen und verkaufen.

Wo aber viele verschiedene Akteure aufeinandertreffen, kommen auch viele verschiedene Überlegungen, Strategien und Motive zusammen. Kurzum: Jeder Teilnehmer im Finanzmarkt hat seine Gründe, in diesem Markt zu agieren. Und ein paar davon wollen wir nachfolgend gemeinsam diskutieren.

#2 … WEIL WIR TRADING LIEBEN

»Nichts ist zu schwer für den, der liebt.«

CICERO

Nennen wir das Kind doch gleich beim Namen: Ich liebe Trading! Das war gar nicht mal so schwer auszusprechen. Bekanntlich tun sich Männer ja immer etwas schwer damit, ihre Gefühle herauszulassen. Auch bei mir hat es einige Zeit gedauert, bis ich mich zu diesen drei magischen Worten bekennen konnte: Ich liebe Trading!

Dabei ist die Leidenschaft zum Trading erst langsam gewachsen. Zaghaft habe ich mich der Materie angenähert, unbeholfen waren meine ersten Versuche, in Kontakt zu kommen. Und doch war da etwas Magisches – von Anfang an. Eine unerfüllte Sehnsucht; das Wissen, dass man zusammengehört. Für immer.

Kommt Ihnen dieses Gefühl vertraut vor? Dabei ist es nun wirklich nicht sonderlich romantisch, an der Börse zu handeln oder in ein Unternehmen zu investieren. Nein, wir können es drehen und wenden, wie wir wollen, Trading ist eher ein Prozess, ein Vorgang. Und doch ist da mehr, denn zu einem erfolgreichen Trading gehört noch etwas anderes.

EMOTIONEN BESTIMMEN UNSER HANDELN

Rein technisch können wir Trading nicht betrachten. Zum erfolgreichen Handeln gehört einfach mehr, als nur am Computer Positionen zu eröffnen und wieder zu schließen. Wenn es nämlich so einfach wäre, könnte es ja auch jeder. Aber es kann eben nicht jeder.

Warum? Weil es im Trading letztlich immer der Mensch ist, der eine Position eröffnet, schließt und pflegt. Und wo der Mensch agiert, bringt er seine Emotionen mit ein. Über welche Emotionen sprechen wir im Trading eigentlich?

Gier. Ist der Trade erst einmal im Gewinn, beginnt das Elend. Denn wo ein bisschen Gewinn ist, da darf ruhig auch noch mehr Gewinn sein. Und so wird mit wachsendem Gewinn die Gier nach mehr Gewinn immer größer und die Position wird so lange gehalten, bis sich der ursprüngliche Trend umkehrt und aus den aufgelaufenen Buchgewinnen realisierte Verluste werden.

Angst. Kaum ist der Trade eröffnet, beginnt die Unsicherheit: Geht der Markt in die richtige Richtung? Je volatiler der Markt am Anfang ist, umso mehr wächst die Unsicherheit über den weiteren Verlauf. Was, wenn der Trade nun doch nicht wie erhofft aufgeht? Zusehen, wie das Geld weniger wird, will man in letzter Konsequenz ja auch nicht. »Lieber ein kleiner Verlust, solange der noch möglich ist« – so denkt man. Ist die Angst vor dem Verlust erst einmal übermächtig, wird direkt in die laufende Position eingegriffen. Und diese Angst vor dem Verlust führt schließlich denselben erst herbei.

Angst und Gier – diese beiden zutiefst menschlichen Emotionen – begegnen uns im Trading immer wieder. Gleichzeitig sind es die beiden grundsätzlichen Gefühle, die uns im Trading am meisten behindern.

Hass. Auch von Hass ist oftmals die Rede – gerade im Zusammenspiel mit unseren beiden angesprochenen Emotionen Angst und Gier. Wenn Sie neu im Markt sind und das Trading erst für sich entdeckt haben, wirkt diese Aussage vielleicht etwas befremdlich auf Sie. Doch Hass begleitet uns Trader schlicht und ergreifend tagein und tagaus. Im übertragenen Sinne natürlich. Es ist ja nicht so, dass wir während des Tradings der ganzen Welt gram sind. Das ist sicher nicht so. Aber übernehmen Angst und Gier die Kontrolle und stören damit unsere rationalen Trading-Entscheidungen, dann schleicht sich der Hass unmerklich und fast von selbst in unser Trading hinein. Denn dann »wollen wir es dem Markt zeigen« und mit »barer Münze zurückzahlen«. Mit Rache-Trades wird versucht, die eigene Meinung durchzudrücken und letztlich doch noch als Sieger vom Platz zu gehen.

Wir brauchen diesen Aspekt nicht weiter zu vertiefen. Sie wissen sicherlich, dass dieses Unterfangen letztlich ins Verderben führt.

Der Mensch bringt also statt der notwendigen Rationalität oftmals seine schädlichen negativen Emotionen in das Trading ein. Doch mit Angst, Gier, Hass und der damit verbundenen Rache kommen wir im Trading garantiert nicht weiter. Warum auch? Im richtigen Leben ist das ja auch nicht der Schlüssel zum Erfolg. Ganz im Gegenteil.

Ist es nicht viel sinnvoller, sich positiv auf seine Tätigkeit einzustimmen, dem Markt wohlgesinnt zu sein und seine Tätigkeit zu lieben? Liebe statt Hass. Denn der Mensch besteht nicht nur aus negativen Gefühlen. Was uns wirklich auszeichnet und uns nicht nur im Börsenhandel weiterbringt, sind unsere positiven Emotionen. Das gilt natürlich auch im richtigen Leben – privat und beruflich. Nicht umsonst hat ein bekannter Motivationstrainer »Wir lieben unsere Kunden« als Firmenmotto gewählt.

Tatsächlich können wir das Trading lieben – die Tätigkeit an sich, die uns so viel Erfüllung, Freude und finanzielle Absicherung geben kann. Wie sollten wir das Trading denn auch nicht lieben? Allen schwierigen Phasen, Rückschlägen und schmutzigen Tricks der anderen Marktteilnehmer zum Trotz. Ohne Liebe geht es nicht. Denn nur wenn wir das Trading lieben, können wir mit genau diesen Tricks, Rückschlägen und schwierigen Phasen umgehen. Nur die Liebe zum Trading gibt uns die Kraft, genau solche Situationen durchzuhalten, und das Vertrauen, letztlich doch zu triumphieren.

Halten wir fest: Wer seine Kunden nicht liebt, kann niemals erfolgreich verkaufen. Wer die Tätigkeit nicht liebt, die er ausübt, kann niemals der Beste darin sein. Und wer das Trading nicht liebt, kann niemals ein erfolgreicher Trader sein.

Also, worauf warten Sie noch? Ich habe mich ja schon bereits zu meiner Liebe bekannt. Jetzt sind Sie dran!

#3 … weil Trading das Dilemma zwischen Konsum und Sparen löst

»An Qualität erinnert man sich lange, nachdem der Preis vergessen ist.«

Aldo Gucci

Die Sparneigung der Deutschen ist seit Jahren rückläufig. Vielleicht nicht in absoluten Zahlen, aber im Verhältnis zum verfügbaren Einkommen schon. Konkret sinkt die Sparquote seit den 1980er-Jahren kontinuierlich von damals rund 13 Prozent auf bis unter 10 Prozent im Jahr 2015. Seit mehr als 30 Jahren legen wir Deutschen also prozentual weniger zurück. So weist das Statistische Bundesamt für 1980 im früheren Bundesgebiet ein gesamtes verfügbares Einkommen von rund 591 Milliarden Euro (Verbrauchskonzept) mit einer Sparquote von 13,1 Prozent aus. Im Jahr 2015 hatte sich das gesamte verfügbare Einkommen in Deutschland – neue und alte Bundesländer zusammen – auf über 2141 Milliarden Euro (Verbrauchskonzept) mehr als verdreifacht. Die Sparquote jedoch ist seitdem leicht gesunken. Von den genannten 13,1 Prozent auf 9,7 Prozent.

Wo vom gestiegenen verfügbaren Einkommen prozentual weniger gespart wird, steht prozentual und absolut mehr zum Konsum zur Verfügung. Tatsächlich sind die Konsumausgaben im Laufe der Jahrzehnte höher angestiegen als die verfügbaren Einkommen – von 530 Milliarden Euro auf rund 2017 Milliarden Euro. Wo sich das verfügbare Einkommen also um den Faktor 3,56 erhöhte, erhöhten sich die Konsumausgaben um den Faktor 3,81. Statt also mit steigendem Einkommen prozentual mehr oder zumindest gleich viel zu sparen, wurde stattdessen mehr konsumiert und weniger gespart.

Warum ist das so? Wir können an dieser Stelle natürlich nur spekulieren, es mag eine Vielzahl an Gründen geben. Doch ein Grund für die gesunkene Sparquote erscheint offensichtlich. Es ist die Frage nach dem »Warum«.

Warum sollte ich heute auf Konsum verzichten und mein Geld für morgen sparen?

Des Deutschen liebstes Kind

Die Deutschen sind international bekannt – oder besser berüchtigt – für ihre Neigung zur verzinsten Geldanlage. Das gute alte Sparbuch ist seit Generationen fester Bestandteil der Vermögensplanung in deutschen Haushalten – neben dem Bausparvertrag und der Lebensversicherung, versteht sich. Wenn wir uns dieses Portfolio einmal anschauen, so fällt ein Faktor unweigerlich ins Auge: der seit Jahren gesunkene Zins. Konnten wir in den 1980er-Jahren für Spareinlagen mit gesetzlicher Kündigungsfrist noch Zinssätze im Bereich von 5 Prozent erhalten, so sank dieser Zinssatz im Zeitverlauf kontinuierlich bis auf 0,39 Prozent im Dezember 2015. Diese konstant sinkenden Zinssätze wirken sich nicht nur auf die Sparkonten der Anleger aus, sondern auch auf die anderen beliebten Formen des Sparens und der Geldanlage, die Lebensversicherung und den Bausparvertrag.

Unabhängig davon, dass einige Banken höhere Zinssätze für einen begrenzten Zeitraum und eine begrenzte Anlagesumme zur Neukundengewinnung anbieten, sind diese Zinssätze für Sparer wenig verlockend. Halten wir uns zusätzlich vor Augen, dass die Europäische Zentralbank langfristig ein Inflationsziel in Höhe von 2 Prozent anstrebt, so ergibt sich eine eindeutige Erkenntnis: Alles, was heute nicht verkonsumiert wird, ist morgen nichts mehr wert!

Oder als Frage formuliert: »Warum sollte ich heute auf das verzichten, was ich mir morgen nicht mehr leisten kann?«

Diese zugegeben drastische Interpretation lässt einen wichtigen Schluss zu: Die traditionellen und beliebten Anlageformen der Deutschen rentieren sich nicht mehr. Im Gegenteil: Wer diese nutzt, verliert auf lange Sicht mehr Geld, als er durch Zinsen hinzuverdient.

Was aber nun tun, wenn sich eine Geldanlage über verzinste Produkte nicht mehr lohnt? Wie sollen wir denn den einmal erreichten Lebensstandard auch dann aufrechterhalten, wenn die laufenden Einnahmen nicht mehr in dem Maße verfügbar sind, wie wir es aktuell gewohnt sind – also im Rentenalter?

Reich durch Konsumverzicht – oder Geldanlage?

Ein Weg, der leider von vielen Menschen beschritten werden muss, ist der Konsumverzicht im Alter. Alles, was wir uns bis dahin nicht zugelegt haben, wird später nicht mehr drin sein. Vielleicht ist diese Erkenntnis auch ein Grund für die gesunkene Sparquote. Lieber heute in den Urlaub fahren, lieber heute das Geld ausgehen, lieber heute leben. Wer weiß schon, was morgen ist ...

Dieser Attitüde entspringt auch der Wunsch nach dem eigenen Heim, das für viele Menschen gleichzeitig als Altersvorsorge dient, weil später ein wesentlicher Kostenfaktor in Form der Miete wegfällt. Schließlich kann man sich diese später sowieso nicht mehr leisten.

Haben wir es bis zum Eintritt in das Rentenalter finanziell nicht geschafft, heißt es, den Gürtel enger zu schnallen. Denn mit gesunkener Sparquote und steigender Inflation in Kombination mit niedriger Verzinsung wird es eng, wenn das Arbeitseinkommen wegfällt und durch die Rente ersetzt wird. Wir werden uns diesem Punkt im Anschluss noch einmal gesondert widmen. Eine Erkenntnis verrate ich aber jetzt schon gerne: Das kann es sicher nicht sein! Das soll es auch nicht sein und das wird es auch nicht sein, wenn ...

... ja, wenn die Menschen anfangen, sich um ihre Geldanlage zu kümmern! Wenn die Menschen anfangen, aktiv nach Anlagemöglichkeiten zu suchen, und beginnen, diese Möglichkeiten auch verantwortungsvoll zu nutzen.

Ich spreche hier bewusst von verantwortungsvoller Nutzung, denn das exakt ist der Unterschied zwischen aktivem Handel und Zocken. Wer zockt, begibt sich in planlose Unsicherheit und wird unweigerlich verlieren. Wer aber verantwortungsvoll nach kurz- und langfristigen Anlagemöglichkeiten sucht, dem stehen alle Türen offen und der ist nicht mehr nur an die klassischen Anlageprodukte mit ihren mageren Ergebnissen gebunden.

Wer also dem Dilemma zwischen Konsum und Sparen einerseits und der drohenden Geldentwertung und Altersarmut andererseits entgehen will, der ist gut beraten, sich aktiv mit der eigenen Geldanlage zu beschäftigen. Dabei können Sie es auch ruhig gemächlich angehen. Denn nicht zwingend bedeutet eine aktive Geldanlage hektisches Hin und Her. Eine aktive Geldanlage bedeutet lediglich, dass Sie sich regelmäßig mit Ihrer Geldanlage beschäftigen. Ob Sie dieses nun im Wochen-, Monats- oder Quartalsrhythmus tun, bleibt gänzlich Ihnen überlassen.

Wer es dabei ganz gemütlich wünscht, der investiert in einen Fonds oder ETF, um seine Sparquote in rentablere Produkte zu lenken. Wenn wir uns vor Augen führen, dass beispielsweise der MSCI World Index[2] in den Jahren 1995–2015 eine durchschnittliche Performance von rund 7 Prozent erwirtschaftet hat, dann wird deutlich, dass ein ETF, der die Entwicklung des Index nahezu 1 : 1 nachbildet, die deutlich bessere Wahl im Vergleich zum Sparbuch darstellt.

Das ist umso beeindruckender, da der Index im Jahr 2008 einen Verlust in Höhe von 42 Prozent zu beklagen hatte. Damit dürfte auch deutlich werden, warum eine Geldanlage immer aktiv betrieben werden sollte: Damit Sie in solchen sehr schlechten Jahren nicht die volle negative Performance mitnehmen, sondern schon früher einen Ausstieg finden. Ist die schlechte Phase wieder vorbei, spricht nichts dagegen, einen Neueinstieg zu unternehmen. Das ist aktive Geldanlage. Das ist eine verantwortungsvolle Nutzung von Anlagemöglichkeiten. Auch das ist Trading.

#4 … weil Trading die Rentenlücke schliesst

»Die Rente ist sicher.«

Norbert Blüm

Kaum eine Aussage eines deutschen Politikers hat sich so in das kollektive Gedächtnis gebrannt wie Norbert Blüms klassisches Bonmot aus dem Jahr 1986. Tatsächlich war die Rente bereits in den 1980er-Jahren in der Diskussion. Und bereits damals war absehbar, dass wir unseren Lebensabend mit einem sinkenden Renteneinkommen fristen müssen. Seitdem hat sich wenig verändert – jedenfalls nicht zum Guten. Lassen Sie uns hier ein wenig in die Details gehen.

Wer angestellt arbeitet, zahlt im Regelfall im Rahmen des Generationenvertrags in die gesetzliche Rentenversicherung ein. Der zu leistende Beitrag richtet sich nach einem festen Prozentsatz, der auf das Gehalt angewendet wird. Gestartet im Jahr 1950 mit 10 Prozent vom Bruttolohn, schwankt der Rentenbeitragssatz seit den 1980er-Jahren zwischen 18,7 und 20,3 Prozent. Im Jahr 2016 lag der Rentenbeitragssatz mit 18,7 Prozent an der unteren Grenze. Das bedeutet, dass jeder Arbeitnehmer monatlich 18,7 Prozent seines Bruttoarbeitslohns in die staatliche Rentenkasse einzahlt, um im Rentenalter wiederum Auszahlungen daraus zu erhalten.

Die staatliche Rente – ist das schon alles?

Was bedeutet das konkret? Für das Jahr 2015 wird für Deutschland ein durchschnittlicher Brutto-Jahresarbeitslohn je Arbeitnehmer in Höhe von 32.643 Euro ausgewiesen.[3] Auf den Monat berechnet kommen wir auf ein Gehalt in Höhe von 2720,25 Euro. Brutto. Ein Arbeitnehmer mit gesetzlicher Krankenversicherung und Kirchensteuerpflicht erhält daraus rund 1.750 Euro netto im Monat.[4] Diese beiden Größen können uns zukünftig zur Orientierung dienen. Was uns im Speziellen noch interessiert, ist die zu leistende Zahlung in die Rentenkasse. Der zu leistende Anteil für einen durchschnittlichen Arbeitnehmer beträgt rund 254 Euro pro Monat. Die andere Hälfte übernimmt der Arbeitgeber.

Nach aktuellem Stand aus dem Jahr 2016 erhält den vollen Rentenbetrag derjenige, der 45 Jahre lang seine Beiträge geleistet hat und mindestens 67 Jahre alt ist.

Lassen Sie uns bei der Gelegenheit modellhaft den Rentenbetrag berechnen, den ein 67-jähriger Rentner nach 45 Beitragsjahren erhält. Im Jahr 2016 betrug das Rentenniveau 47,8 Prozent vom durchschnittlichen Jahresentgelt[5]. In unserem Beispiel rund 836,50 Euro.[6] Hiervon müssen noch die Beiträge zu Kranken- und Pflegeversicherung abgezogen werden.

Wer nicht erst mit 67 Jahren, sondern schon vorher in den Ruhestand gehen will, muss mit empfindlichen Einbußen rechnen, welche die Rente deutlich schmälern.

Stellen wir die beiden Zahlen ins Verhältnis, wird deutlich, was mit dem Begriff der Rentenlücke gemeint ist. Wenn Sie bislang mit einem Nettogehalt in Höhe von 1750 Euro Ihr Leben bestritten haben und nun mit 836,50 Euro auskommen müssen, von denen Sie sich noch krankenversichern müssen, wird das ganze Ausmaß des Rentendramas deutlich. Als Rentenlücke klafft bei Ihnen nämlich ein Minus von 913,50 Euro!

Wenn Sie bereits jetzt der Meinung sind, dass dieser Betrag nicht ausreicht, dann sei betont, dass das erst der Anfang ist. Denn schon seit geraumer Zeit diskutiert die Politik nicht nur über eine Anhebung des Beitragssatzes bis in den Bereich von 26 Prozent und mehr, sondern auch über eine Verringerung des Rentenbetrags. Hier werden stellenweise Werte bis 43 Prozent genannt.

Um das Trio infernale zu komplettieren, geht mit diesen Veränderungen eine gleichzeitige Anhebung des Renteneintrittsalters einher. In der Diskussion wird immer wieder die Schwelle von 70 Jahren genannt. Dass in diesem Zusammenhang auch gerne länger als 45 Jahre einbezahlt werden darf, versteht sich schon fast von selbst.

Arbeiten bis zum Schluss oder: Wie Sie die Rentenlücke schliessen können

Im Klartext bedeutet das, dass wir länger arbeiten und höhere Beiträge leisten müssen, um ein geringeres Rentenniveau zu erreichen. Da wundert es nicht, dass in einer Umfrage der ManPower Group bereits 9 Prozent der Befragten im Alter von 18 bis 34 Jahren in Deutschland erwarten, bis zum eigenen Tod arbeiten zu müssen! Es ist in diesem Zusammenhang nur ein schwacher Trost, dass sich Befragte in anderen Ländern dieser Auffassung anschließen.

Natürlich gibt es für jedes Problem eine Lösung. Eine, die sich bis zum Ausbruch der Finanzkrise ab 2007 zumindest halbwegs bewährt hat, war die klassische Kapitallebensversicherung. Falls Sie aber nicht auf einen bereits langjährig laufenden und mit 4 Prozent hochverzinsten Vertrag zurückgreifen können, kommt dieser Teil der Lösung kaum mehr infrage. Denn bei einem Zinsniveau in der Nähe der Nulllinie wird der Abschluss einer neuen Police nicht zur Schließung Ihrer Rentenlücke genügen. Natürlich können Sie noch weitere Versicherungen abschließen, um Ihre Rente zu vervollständigen. Da gibt es beispielsweise die Riester-Rente oder die Rürup-Rente. Beide aber werden Sie finanziell nur bedingt nach vorne bringen und sie ändern auch nicht viel an der Gesamtproblematik. Fakt ist: An einem Vermögensaufbau, gleich wie, führt kein Weg vorbei. Das gilt im Übrigen auch unter dem Gesichtspunkt der Auszahlungsfrist für solche Produkte. Die meisten Versicherungsnehmer haben ihren Auszahlungszeitpunkt auf den geplanten Rentenbeginn gelegt. Bis zu diesem Zeitpunkt gilt es also durchzuhalten – komme, was da wolle.

- Fragen Sie sich in diesem Zusammenhang, wie viel Kapital Sie im Alter benötigen.
- Was wollen Sie im Ruhestand alles unternehmen?
- Sind Sie vielleicht der Typ, der froh ist, wenn er sich endlich nicht mehr aus dem Haus bewegen muss und die heimischen vier Wände genießen kann?
- Oder sind Sie eher der Typ, der den Ruhestand dazu nutzt, um ausgiebig die Welt zu bereisen, und dabei keinen Genuss an sich vorbeiziehen lässt?

Allein diese Fragen sollten verdeutlichen, dass wir uns nicht früh genug über die entsprechenden Antworten im Klaren sein sollten. Denn eines ist sicher: Es wäre sehr schade, wenn wir uns unsere Wünsche im Alter nicht mehr erfüllen könnten, nur weil uns dazu die notwendigen Mittel fehlen.

Um die Rentenlücke zu schließen, benötigen Sie Kapital. Sie benötigen ein ausreichendes Vermögen, auf das Sie zurückgreifen können und das Ihnen die notwendigen finanziellen Mittel zur Verfügung stellt, um Ihren Lebensstandard zu halten.

Wie hoch muss das eigene Vermögen sein, um einen Betrag in Höhe der in unserem Beispiel identifizierten Rentenlücke von 913,50 Euro monatlich auszuschütten? Natürlich können wir die Antwort hier ebenfalls nur näherungsweise ermitteln. Üblicherweise wird dafür ein Entnahmeplan genutzt, bei dem ein vorhandener Kapitalgrundstock verzinst – oder mit entsprechender Rendite – angelegt wird und der sich im Zeitverlauf gegen null abbaut. Dabei gilt: Je höher das Zinsniveau – oder die Rendite – ausfällt, desto länger können wir eine Entnahme gewährleisten.

Um die Berechnung zu vervollständigen, brauchen wir noch einen Zeitraum, über den unsere Entnahme geplant werden soll. Dabei helfen uns die sogenannten Sterbetafeln. Das Statistische Bundesamt weist für Jungen, die im Jahr 2013 geboren werden, eine Lebenserwartung von rund 78 Jahren und für Mädchen desselben Jahrgangs von rund 83 Jahren aus. Für unsere eigenen Berechnungen bleiben wir optimistisch und unterstellen eine pauschale Lebenserwartung von 85 Jahren. Das bedeutet, nach Renteneintritt muss unser Kapital mindestens 18, besser aber 20[7] Jahre ausreichen, damit wir unseren Lebensstandard[8] halten können.

Gehen wir von diesen Berechnungsgrundlagen aus, so ergibt sich ein Kapitalbedarf in Höhe von rund 200.000 Euro. Bei einem unterstellten jährlichen Zinssatz in Höhe von 1,5 Prozent und einer Entnahme in Höhe von 962,94 Euro ist das Kapital exakt nach 20 Jahren verbraucht.[9]

Bleibt also Sparen. Über die Sparquote haben wir bereits gesprochen und wir werden uns im weiteren Verlauf noch einmal mit dem Thema beschäftigen. Vielleicht ist in diesem Zusammenhang aber auch noch eine weitere Idee für Sie interessant.

Trading für die Rente

Wie wäre es mit Trading, um die Rentenlücke zu schließen? Sie wollen im Monat rund 1000 Euro dazuverdienen. Da das der Nettobetrag ist, müssen Sie noch etwas mehr erwirtschaften, sagen wir rund 1300 Euro. Bei geltender Rechtslage mit Abgeltungssteuer bleiben Sie somit im Rahmen des gewünschten Betrages. Aber auch wenn die Abgeltungssteuer eines Tages fallen sollte, kommen Sie mit dem im Rentenalter zu erwartenden niedrigeren Steuersatz in etwa auf den gewünschten Zielbetrag.

Trading hat gegenüber der Entnahme aus einem Kapitalstock den charmanten Vorteil, dass im positiven Fall die Kapitalbasis überhaupt nicht angegriffen wird und Sie direkt von den Erträgen leben können. Das setzt natürlich voraus, dass Sie Ihr Handwerk beherrschen.

Gleichzeitig kann Trading der Weg für Sie sein, um sich vorzeitig aus dem Arbeitsleben zu verabschieden. Denn als erfolgreicher und profitabler Trader könnten Sie die mit dem früheren Renteneintritt verbundenen Einbußen mit Leichtigkeit ausgleichen. Mindestens.

Ein weiterer Vorteil besteht darin, dass Sie den gewünschten Zielbetrag bereits mit einem deutlich kleineren Handelskonto erreichen können. Nehmen wir beispielsweise an, Sie verfügen über ein Gesamtkapital in Höhe von 75.000 Euro und nehmen dieses als Grundlage für Ihr Trading. Wenn Sie eine einigermaßen geschickte Auswahl Ihrer Trades durchführen, stehen die Chancen gut, auf den gewünschten Betrag zu kommen und eine monatliche Rendite in Höhe von 1,73 Prozent zu erreichen.

Im Vergleich zu einem Entnahmeplan stellt Trading damit die deutlich interessantere Alternative dar, finden Sie nicht auch?

#5 … weil Trader Wohlstand schaffen und vermehren

»Wer gut schlafen will, kauft Anleihen,
wer gut essen will, bevorzugt Aktien.«

André Kostolany

Die meisten Menschen beschäftigen sich wahrscheinlich aus einem einzigen Grund mit dem Börsenhandel im weiteren Sinne – dem Schaffen und Vermehren von Wohlstand.

Obwohl dieser Aspekt eigentlich naheliegend ist, verwundert er dennoch. Ist es nicht die Aufgabe von Banken, Kapitalverwaltungsgesellschaften und Anlageberatern, sich um genau das zu kümmern? Gibt es nicht entsprechende Angebote, die genau auf dieses Ziel hinarbeiten und damit dem Anleger beziehungsweise dem Investor die ganze Arbeit abnehmen?

Masse und Klasse – Anlageprodukte in Hülle und Fülle

Um diese Frage hinreichend zu beantworten, hilft ein Blick in die Statistik. Mit rund 9500 in Deutschland zum öffentlichen Vertrieb zugelassenen Publikumsfonds im Jahr 2016 sollte eigentlich für jeden Geschmack etwas zur Kapitalanlage dabei sein.

Der Deutsche Fondsverband gibt an, dass die in Publikumsfonds investierten Gelder von 2006 bis Mitte 2016 kontinuierlich angestiegen sind. Konkret von 683 Milliarden Euro auf 869 Milliarden Euro. Das ist eine Steigerung um 186 Milliarden Euro oder 27 Prozent in einem Zeitraum von zehn Jahren.

Wir können also davon ausgehen, dass es eine Vielzahl an interessierten Anlegern gibt, welche die Angebote der Banken, Kapitalverwaltungsgesellschaften und Anlageberater durchaus nutzen. Dabei wird die Anlage in Fonds oder vergleichbare Produkte oftmals über einen längeren Zeitraum getätigt, um den vermögensbildenden Effekt auch tatsächlich nutzen zu können.

Dennoch gibt es immer noch genügend Anleger, die einen eigenen Weg einschlagen und selbst aktiv in das Marktgeschehen eingreifen. Warum? Aus welchem Grund suchen Anleger den Weg an die Kapitalmärkte? Wenn das Produktangebot durchaus ausreichend ist und auch ein entsprechendes Volumen angelegt wird, sollten doch alle Anleger entsprechend versorgt sein.

Liegt es vielleicht an der Rendite der Fonds? Ist sie vielleicht zu schlecht? Schauen wir uns die Performance der »besten Fonds der Welt« laut dem Internetportal finanzen.net[10] an, so kann sich die Rendite jeweils durchaus sehen lassen. Der schlechteste der empfohlenen Fonds schneidet mit einer 10-Jahres-Performance von 53,19 Prozent immer noch besser ab, als ein seriöses Zinsprodukt es in diesem Zeitraum je könnte, und der beste der dort empfohlenen Fonds kommt auf eine 10-Jahres-Performance von sage und schreibe 111,09 Prozent! Eine Investition in diesen Fonds hätte sich innerhalb von zehn Jahren ohne weitere eigene Anstrengungen mehr als verdoppelt. Wobei Gebühren und Steuern in unserer Betrachtung nicht berücksichtigt wurden.

Kommen wir damit auf die Ausgangsfrage zurück. Ja, es gibt genügend Angebote im Fondsbereich und Ihr Bankberater sollte Ihnen ein entsprechendes Angebot heraussuchen können – wenn Sie nicht selbst recherchieren möchten. Auch die Performance kann sich sehen lassen. Gerade wer sich langfristig engagiert, steht anscheinend unweigerlich auf der Seite der Gewinner.

Outperformance gesucht: Sind Trader wirklich besser als der Markt?

Dennoch gibt es immer noch Anleger, die ihr Schicksal lieber in die eigene Hand nehmen, die eigene Anlageentscheidungen treffen und die auch die Verantwortung für die dadurch erzielten Ergebnisse übernehmen wollen. Diese Anleger teilen einen Wunsch, haben ein gemeinsames Ziel: besser als der Markt zu sein. Den Markt zu schlagen. Jahr um Jahr.

Dass dieses Ziel ein hohes Können voraussetzt und auch mit einer entsprechenden Aktivität verbunden sein muss, liegt auf der Hand. Dann aber ist es durchaus möglich, die gewünschte Outperformance zu erreichen.

Sprechen wir nun also über Outperformance. Wie viel lässt sich als aktiver Anleger – als Trader – pro Jahr erreichen?

Seit 1984 veranstaltet die Robbins Trading Company einen einzigartigen Wettbewerb, in dem sich die besten Trader der Welt in den verschiedenen Produktklassen miteinander messen können. Bei dieser Company sollten wir also eine Outperformance gegenüber dem Markt erwarten können.

Tatsächlich fällt bei der Betrachtung der jeweiligen Jahresergebnisse ein Name besonders auf: Trading-Legende Larry Williams. Mit einer Performance von 11.376 Prozent (!) im Jahr 1987 machte er aus einem Startkapital von 10.000 US-Dollar im Segment »Futures« mehr als 1.100.000 US-Dollar! Am anderen Ende der Skala reicht im Jahr 2001 eine Performance von 3 Prozent zum Sieg für Larry Jacobs im Segment »Aktien«.

Falls Sie sich an das Jahr 2001 zurückerinnern oder zufällig gerade einen Chart des S&P 500 zu diesem Zeitraum zur Hand haben – damals waren 3 Prozent Gewinn durchaus eine Outperformance, insbesondere wenn man bedenkt, dass Leerverkäufe zur damaligen Zeit nicht in dem Umfang möglich und üblich waren, wie sie es heute sind.

Es hängt also immer auch ein Stück weit vom Marktumfeld ab, ob man sein Vermögen vervielfacht oder wenigstens erhält und noch einen bescheidenen Bonus darüber hinaus erzielt. In jedem Fall aber können Sie davon ausgehen, dass diese Ergebnisse eine Vielzahl von Fonds in den jeweiligen Jahren um Längen hinter sich gelassen haben.

Das genau ist der Grund, warum es Trader gibt. Das ist der Grund, warum es Anleger gibt, die aktiv an den Märkten handeln und die sich eben nicht mit einer durchschnittlichen Performance des MSCI World Index in Höhe von rund 7 Prozent zufriedengeben.

Weil einfach mehr drin ist. Weil sich durch Trading auch dauerhaft mehr erwirtschaften lässt.

#6 … weil Trader ihr Vermögen planmässig aufbauen

»Der Zinseszins ist das 8. Weltwunder.«

Albert Einstein

Wofür soll eine Vermögensbildung eigentlich gut sein? Wofür sparen wir? Über das Dilemma zwischen Sparen und Konsumieren sprachen wir bereits und so stellt sich hier ein weiteres Mal die Sinnfrage. Es liegt auf der Hand, dass es mehrere Antwortmöglichkeiten gibt. Wo der eine seinen Kindern und Enkeln etwas hinterlassen will, versucht der andere möglicherweise, den Kreislauf von arbeiten, um zu leben, und leben, um zu arbeiten, zu durchbrechen. Vermögensbildung wird zum Ausweg aus dem Handel von Lebenszeit gegen Geld. Ein Dritter wiederum will seine Altersvorsorge auf eine solide Basis stellen und spart einen entsprechenden Grundstock an. Doch unabhängig von den Motiven: Wie genau kommen wir eigentlich zu unserem kleinen oder großen Vermögen?

In kleinen Schritten zum grossen Vermögen

Wir haben bereits das Thema der Sparquote angesprochen. Genau da setzen wir erneut an. Wir haben festgehalten, dass im Jahr 2015 9,7 Prozent vom verfügbaren Einkommen zum Sparen eingesetzt wurde. Nehmen wir der Einfachheit halber an, dass mit unserem dargestellten Nettolohn das verfügbare Einkommen definiert ist. Hierfür wollen wir noch einmal auf unseren durchschnittlichen Bruttoarbeitslohn in Höhe von 2720,25 Euro zurückkommen und uns auf den sich daraus ergebenden Nettolohn in Höhe von rund 1750 Euro beziehen. Es werden also 9,7 Prozent von 1750 Euro im Monat angespart. Das sind 169,75 Euro oder rund 170 Euro, die in den monatlichen Sparstrumpf fließen.

Schauen wir uns jetzt einmal an, was aus diesen monatlichen 170 Euro im Zeitverlauf werden kann. Zuerst müssen wir ein paar weitere Parameter definieren. Nehmen wir an, dass Sie bei null beginnen und die ersten 170 Euro tatsächlich die erste Einzahlung für Ihren Vermögensaufbau darstellen. Ihre Ansparung erfolgt in eine festverzinsliche Anlageform mit einem fiktiven Zinssatz in Höhe von 1 Prozent. Um den vollen Effekt zu erzielen, erfolgen auch keine Auszahlungen von Zinserträgen. Des Weiteren soll die Betrach-

Sparrate:	170,- Euro
Sparintervall:	monatlich
Zinssatz:	1 Prozent
Zinsperiode:	jährlich
Zinseszins:	Ja, Zinsansammlung

Ansparzeit:	10 Jahre	20 Jahre	30 Jahre	40 Jahre
Endkapital in Euro:	21.458,52	45.162,08	71.345,55	100.268,40
Einzahlungen in Euro:	20.400,00	40.500,00	61.200,00	81.600,00
erzielte Zinsen in Euro:	1.058,52	4.362,08	10.145,55	18.668,40

Abbildung 1: Sparrate, Zinsertrag und Endkapital über 10, 20, 30 und 40 Jahre. Betrachtung vor Steuern. Quelle: http://www.zinsen-berechnen.de/sparrechner.php

tung vor Steuern und Gebühren erfolgen, damit wir ein Gefühl für das unverfälschte Ergebnis bekommen.

Falls Sie beim Anblick auf diese Zahlen ernüchtert sind, bedenken Sie, dass der Marktzins im Dezember 2015 bei gerade einmal 0,39 Prozent gelegen und seitdem kaum merklich dieses Niveau verlassen hat – wenn überhaupt. Die ermittelten Zahlen sind damit eher als optimistisch zu betrachten. Unseren grundsätzlichen Erkenntnisgewinn sollte dieser Umstand aber nicht schmälern.

Was können wir aus der Tabelle ablesen? Die erste Erkenntnis ist naheliegend: Wer länger spart, hat mehr vom Geld. Oder wie Albert Einstein so treffend formulierte: »Der Zinseszins ist das 8. Weltwunder.« Je länger angespart wird, umso größer ist letztlich der zu verzinsende Kapitalstock, was wiederum höhere Erträge ergibt. Die zweite Erkenntnis ist ebenfalls recht offensichtlich: Wer erst spät beginnt, sein Vermögen mit regelmäßigen Einzahlungen aufzubauen, hat kaum noch eine Chance auf einen hohen

Sparrate:	170,- Euro
Sparintervall:	monatlich
Jahresperformance:	7 Prozent
Abrechnungsperiode:	jährlich
Zinseszins:	Ja, Zinsansammlung

Ansparzeit:	10 Jahre	20 Jahre	30 Jahre	40 Jahre
Endkapital in Euro:	29.254,26	86.801,61	200.006,55	422.697,40
Einzahlungen in Euro:	20.400,00	40.500,00	61.200,00	81.600,00
erzielte Zinsen in Euro:	8.854,26	46.001,81	138.806.,55	341.097,40

Abbildung 2: Sparrate, Gewinn und Endkapital über 10, 20, 30 und 40 Jahre mit einer Durchschnittsperformance von 7 Prozent pro Jahr. Betrachtung vor Steuern. Quelle: http://www.zinsen-berechnen.de/sparrechner.php

Endbetrag. Zu niedrig ist das Ergebnis selbst noch nach 20 Jahren.

In diesem Sinne können wir uns weiter anschauen, wie die Rechnung aussieht, wenn wir statt einer Anlage mit 1-prozentiger Verzinsung beispielsweise einen beliebigen ETF auf Basis des MSCI World Index wählen, der über einen Zeitraum von 20 Jahren eine durchschnittliche Performance von rund 7 Prozent erzielte. Auch hier soll die Betrachtung eher Modellcharakter besitzen und es werden weiterhin Steuern und Gebühren außer Acht gelassen.

Sie sehen auf den ersten Blick, dass die Unterschiede gewaltig sind. Bereits nach zehn Jahren ist die Performance erwartungsgemäß deutlich größer als bei der niedrigen Verzinsung von 1 Prozent. Dieses kaum überraschende Ergebnis wird auch nicht dadurch geschmälert, dass die Berechnung nur modellhaft erfolgen kann. In der Praxis müssen Sie natürlich jährlich Steuern auf den erzielten Gewinn zahlen. Das schmälert die Kapitalbasis regelmäßig aufs Neue. Zusätzlich kommen oftmals Gebühren hinzu, sei es für den Ankauf, sei es für die Verwaltung oder das Management. Auch diese Gebühren müssen in einer Praxisberechnung berücksichtigt werden und schmälern zusätzlich den Ertrag. Weiterhin ist zu bedenken, dass Sie nicht jedes Jahr exakt zum Stichtag 7 Prozent auf Ihr Erspartes erhalten, sondern hier eine Durchschnittsbetrachtung vorliegt. Aber im Durchschnitt wurden im MSCI World Index 7 Prozent jährliche Performance zwischen 1995 und 2015 erzielt. Und darauf kommt es letztlich an.

Vergleichen wir die beiden Ergebnisse, so wird deutlich, dass eine höhere Verzinsung beziehungsweise Performance natürlich auch einen höheren Gesamtertrag zur Folge hat. Diese Erkenntnis macht deutlich, dass wir uns mit einem verhältnismäßig kleinen monatlichen Betrag durchaus ein ansehnliches Vermögen über einen längeren Zeitraum aufbauen können. Das gilt unter zwei Voraussetzungen: Wenn wir zum einen eine gute und performante Auswahl treffen und zum anderen möglichst lange engagiert bleiben.

Ansparen, was übrig bleibt – oder wie Trader ihren Sparplan optimieren können

Aber was machen diejenigen, die nicht die Weisheit oder das Kapital besitzen, im Alter von 20 Jahren einen solchen Sparplan zu entwerfen und die Ansparung bis zum Eintritt in das Rentenalter ohne Wenn und Aber in allen Lebensphasen durchzuziehen? Fakt ist, je älter wir sind, umso größer muss der monatlich gesparte Betrag sein, um uns am Ende doch noch ein ansehnliches Vermögen zu bescheren. Entweder ist das monatliche Einkommen hoch genug, um auch einen entsprechend hohen Betrag ansparen zu können, oder ...

... oder wir verdienen uns etwas nebenbei! Durch Trading beispielsweise. Es geht im Trading ja nicht immer nur um die ganz großen Beträge. Sie können schon mit einem kleinen Handelskonto ansehnliche Erträge erwirtschaften, die Sie dann wiederum nutzen können, Ihren Sparplan zu bestücken. Immer vorausgesetzt natürlich, Sie verfügen über eine gewinnbringende Handelsstrategie.

Als Trader haben wir noch einen weiteren Trumpf im Ärmel. Wir können nämlich zur Vermögensbildung nicht nur einen regelmäßigen Sparplan heranziehen, sondern durch eingehende Analyse mögliche Hoch- und Tiefpunkte in den Märkten erkennen. Wir können durch unsere Marktanalyse mögliche Wendepunkte herausarbeiten, an denen wir die angesparte Gesamtsumme aus dem Markt nehmen und später reinvestieren können. Das bedeutet, dass der aktive und aufmerksame Anleger die gröbsten Schwächephasen bewusst auslassen und sich genau dann wieder engagieren kann, wenn der Markt zu neuer Stärke findet. Trading kann in diesem Sinne eben auch bedeuten, dass Sie Ihren Sparplan aktiv managen und Ihre bereits aufgebaute Anlagesumme gegebenenfalls aus dem Markt nehmen und anschließend wieder in den Markt bringen.

Stellen Sie sich vor, Sie könnten auf diese Art und Weise Ihre durchschnittliche Jahresperformance um nur 1 Prozent erhöhen.

Wäre es das nicht wert, sich eingehender mit dem Thema Trading zu beschäftigen?

Damit aber noch nicht genug. Wir können den Faden weiterspinnen und eine weitere Überlegung anstellen. Damit verbunden ist die Frage, warum wir als Anleger eigentlich nur passiv oder halbaktiv sein sollten. Warum sollten wir nur darauf warten, dass der Markt uns die Erträge generiert? Warum schaffen wir nicht selbst unsere Erträge?

Nehmen wir einmal an, Sie können durch Ihr nebenberuflich betriebenes Trading Ihr Handelskonto – oder Depot – um 10 Prozent im Jahr steigern. Nehmen wir weiter an, dass Sie über ein Handelssystem verfügen, das Ihnen diesen Ertrag jedes Jahr ermöglicht. Wäre es dann nicht sinnvoll, den Vermögensaufbau über diese Karte auszuspielen? Den Vermögensaufbau über das aktive Trading selbst zu gestalten?

Aber sicher doch! Denn eines darf an dieser Stelle gesagt werden. Eine Performance in Höhe von 10 Prozent ist im Trading zwar schon gut, aber es gibt genügend Strategien, Systeme und Setups, die Ihnen zu höheren Erträgen verhelfen. Jahr für Jahr. Dabei müssen Sie nicht traden wie Larry Williams. Es genügt auch eine deutlich geringere jährliche Performance zum Aufbau Ihres Vermögens.

An dieser Stelle können wir noch einmal auf den Zinseszinseffekt zurückkommen. Für Anleger wirkt der Zinseszins dahingehend, dass der aufgelaufene Zinsertrag im Folgejahr dem Vermögen hinzugerechnet werden kann und wiederum verzinst wird. Das ist bereits ein kleines Wunder und wird von vielen Anlegern auch bewusst genutzt.

Für Trader wirkt der Zinseszinseffekt dagegen direkt auf das eigene Handelskonto. Hier geht es nicht um die Verzinsung einer vergrößerten Kapitalbasis, sondern hier geht es um die mit dieser verbundenen Kapitalbasis vergrößerte Positionsgröße. Die Idee dahinter besagt, dass ein kleines Konto eine kleine Positionsgröße und ein großes Konto eine entsprechend große Positionsgröße erlaubt – bei gleichem prozentualen Risiko.

Im Klartext bedeutet das, dass mit steigendem Vermögen der absolute Einsatz stetig erhöht werden kann, ohne ein prozentual größeres Risiko eingehen zu müssen. Erzielte Gewinne wiederum erhöhen unmittelbar die vorhandene Kapitalbasis, was wiederum eine höhere Positionsgröße ermöglicht.

Anstatt also, wie in unserer Modellrechnung, einen regelmäßigen statischen Betrag zu investieren, sorgt der Zinseszinseffekt dafür, dass Sie Ihre Investition dynamisch nach oben anpassen können. In diesem Sinne wirkt der Zinseszinseffekt im Erfolgsfall auch positiv direkt auf Ihr Handelskonto und ist der Turbo für Ihren Vermögensaufbau. Sind Sie bereit, diesen Turbo zünden?

#7 … weil Trading nicht nur Hobby, sondern auch Beruf ist

»Wer sein Hobby zum Beruf macht, muss sich ein neues Hobby suchen!«

Der Einstieg in das Trading beginnt oftmals ganz harmlos. Vielleicht haben Sie einen Nachbarn, der einen kleinen Aktiengewinn macht, oder einen Bankberater, der Ihnen eine profitable Anlageempfehlung gibt. Vielleicht ist es aber auch einfach ein interessanter Artikel im Wirtschaftsteil Ihrer Tageszeitung, der Ihre Aufmerksamkeit auf sich zieht, und auf einmal ist es da: das Interesse an Unternehmen und Unternehmenswerten, an Aktien und am Aktienhandel!

Von nun an sind es viele kleine Schritte, die aus einem anfänglichen Interesse an der Materie so etwas wie ein Hobby machen. Und ist das Hobby erst einmal so richtig in Gang, sind wir kaum noch zu bremsen: Bücher, Zeitschriften, Messen, Vorträge, Schulungen, Hardware, Software und die Mitgliedschaft in entsprechenden Communitys und Vereinen. Für jeden ist etwas dabei. Und – Hand aufs Herz – was gibt es denn Schöneres, als so richtig in sein Hobby einzutauchen und darin aufzugehen?

Hobbys stiften Sinn und bauen Stress ab

Die allermeisten Menschen pflegen ein Hobby, um sich in ihrer Freizeit mit etwas Sinnvollem zu beschäftigen, das gleichzeitig einen Ausgleich zur täglichen Arbeit bietet. So wird das Hobby genutzt, um die Gedanken einfach auf andere Dinge zu lenken und darin Entspannung zu finden. So tüfteln wir stundenlang an Kleinigkeiten und verwenden Ewigkeiten auf Details, nur weil wir uns dafür interessieren und den entspannenden Effekt genießen.

Tatsächlich ist der Umstand, dass wir ein Hobby aus einem eigenen Interesse heraus beginnen, der Garant dafür, dass wir auch tief darin eintauchen. Denn wenn es um ein Hobby geht, kommt die Motivation von innen. Da gibt es niemanden, der uns sagt, was wir zu tun und zu lassen haben. Es ist das eigene Interesse, das uns antreibt und das die für das Hobby aufgewendete Zeit wie im Fluge vorbeiziehen lässt.

Es gibt viele gute Gründe, ein Hobby aufzunehmen. Neben dem Ausgleich zum Alltag finden viele Menschen in ihrem Hobby das, was sie sonst vielleicht nicht bekommen. Zum Beispiel Anerkennung. Manchmal bleibt die Anerkennung im Beruf aus unterschiedlichen Gründen versagt. Das muss nicht unbedingt an der Bewertung der eigenen Leistungen liegen, oftmals werden diese Leistungen einfach nur als selbstverständlich vorausgesetzt. So besteht die Diskrepanz zwischen dem Wunsch nach Anerkennung und dem Vorenthalten derselben im Beruf eben fort. Was liegt dann näher, als sich über den Umweg Hobby diese Anerkennung doch noch zu holen? Das hat im Extrem zur Folge, dass einige Menschen in ihrer Freizeitbeschäftigung mehr aufgehen als in ihrem Beruf.

Wenn wir für unsere Leistungen in unserem Hobby die gewünschte Anerkennung von unserem Umfeld erhalten, steigert das gleichzeitig unsere eigene Zufriedenheit – unser Glücklichsein. Wobei Sie davon ausgehen können, dass die Flucht ins Hobby umso größer wird, je mehr Anerkennung und Glücklichsein im Berufsleben vermisst werden.

Erfolg durch Begeisterung – wie aus einem Hobby ein Beruf werden kann

Interessanterweise wird das Hobby nach den eigenen Interessen, Stärken und Charaktereigenschaften ausgewählt – oftmals stehen diese Dinge im Gegensatz zum ausgeübten Beruf. Und so erstaunt es nicht, dass viele Menschen in ihrem Hobby eine bessere Performance zeigen als in ihrem Beruf – was wiederum eine entsprechende Anerkennung nach sich zieht.

Und was es nicht alles an Hobbys gibt: Da wird gesportelt, musiziert, geschraubt und gebastelt. Für das Hobby wird investiert in Zeit, Material, Instrumente, Gerätschaften, Mitgliedschaften und Know-how. Nicht selten werden sämtliche Ersparnisse nur für das Hobby verwendet, denn gerade bei der Verfolgung der eigenen Neigungen und Interessen zeigen sich viele Menschen besonders großzügig und spendierfreudig.

- Welches Hobby pflegen Sie?
- Wofür engagieren Sie sich?
- Wo vergessen Sie Raum und Zeit?

Trading! Das ist die richtige Antwort, denn die meisten Trader beginnen das Börsenspiel nebenbei als Hobby. Manche fangen früh an, vielleicht neben der Ausbildung oder dem Studium. Wer etwas länger braucht, entdeckt die Börse neben dem Beruf für sich. Ein erster Berührungspunkt mit der Börse liegt häufig in dem Wunsch, eine lukrative Geldanlage zu finden. Natürlich könnten wir diese Frage komplett an einen Berater auslagern, doch gerade das machen wir nicht. Nein, wir wollen selber handeln, die Dinge selber in die Hand nehmen und uns in der logischen Konsequenz selbst für das Ergebnis verantwortlich zeigen.

Wie bereits beschrieben, werden Hobbys im Regelfall nach den eigenen Stärken und Charaktereigenschaften gewählt. So ist es auch beim Hobby Trading. Denn natürlich muss das Interesse für die Märkte vorhanden sein. Allein der Wunsch nach schnellen

Gewinnen wird einen Trader nicht erfolgreich machen. Weder im Hobby noch im Beruf. Also: Das Interesse ist wichtig. Das können wir bei uns schon einmal voraussetzen. Ihr Interesse ist da, denn sonst hätten Sie dieses Buch nicht in den Händen.

Sie haben vielleicht bereits die notwendigen Charaktereigenschaften entwickelt, die Sie für erfolgreiches Trading benötigen. Falls nicht, so kann auch die Entwicklung des eigenen Charakters in Ihr Hobby einfließen – Persönlichkeitsentwicklung als Unterhobby zum Trading sozusagen.

Wie bei anderen Hobbys auch können Sie beim Trading ebenfalls umfangreiche Ausbildungen absolvieren und ein Vermögen in Hard- und Software investieren. Der Unterschied zu den allermeisten Hobbys liegt jedoch darin, dass Sie mit Trading auch Geld verdienen können. Richtiges Geld, nicht nur eine Aufwandsentschädigung. Um das zu erreichen, ist viel Können und Geschick notwendig, keine Frage. Fehlt dieses, wird Trading zu dem kostspieligsten Hobby, das Sie sich vorstellen können, und alles, was Sie im Positiven mit Trading verbinden, verkehrt sich in sein Gegenteil. Deshalb: Es geht um Können und Geschick. Das Streben nach Perfektion und die Geduld, immer und immer an sich selbst zu arbeiten, sind entscheidend für den Erfolg.

Bleiben wir beim Hobby allgemein. Wer träumt nicht davon, sein Hobby irgendwann einmal zum Beruf zu machen? Doch gelingt das auch wirklich allen?

Tatsächlich ist es nur den wenigsten vergönnt, beispielsweise eine Karriere als Fußballer zu starten und aus dem Hobby Fußball einen Beruf zu machen. Ist das aber geschafft, dann ist der Beruf Sportler oder genauer Fußballer. Viele Menschen träumen davon, mit ihrer Band einen Vertrag zu bekommen und anschließend eine große Musikerkarriere zu starten. Auch in diesem Feld müssen die allermeisten sich mit dem Musizieren im Hobbykeller begnügen. Diejenigen aber, die es geschafft haben, sind dann von Beruf Musiker.

Wenn Sie aus Ihrem Hobby einen Beruf machen wollen, stehen Sie vor der Herausforderung, sich immer und immer wieder neu vermarkten zu müssen. Denn irgendjemand muss Sie ja schließlich auch dafür bezahlen, dass Sie Ihr Hobby nun professionell als Beruf ausüben. In Unternehmen gibt es diese Schnittpunkte leider nur selten, Buchhaltung oder Vertrieb ist bei den meisten Menschen als Hobby nicht präsent. Andere Hobbys hingegen können Sie definitiv als Beruf in einem Unternehmen ausüben. Wenn Sie zum Beispiel leidenschaftlicher Programmierer sind.

Und für uns Trader, wie stehen da die Chancen, aus dem Hobby einen Beruf zu machen? Exzellent! Denn die Voraussetzungen, um als hauptberuflicher Trader das eigene Konto zu handeln, sind verglichen mit anderen Hobbys und den daraus resultierenden Berufen relativ gering. Wo Sie als Musiker ständig neue Musik produzieren müssen und Jahr um Jahr auf Tour sind, können Sie als Trader eine einmal entwickelte Strategie auch langfristig nutzen. Weltweite Tourneen gibt es nicht – es sei denn, Sie legen es darauf an. Wo der Profisportler nur einige Jahre auf Top-Niveau agieren kann, sind Trader in allen Altersbereichen zu finden. Nicht selten starten einige erst nach der Pensionierung so richtig durch. Oder sie beginnen bereits als Schüler und bleiben anschließend beim Trading.

Trading ist also ein Beruf, der von den allermeisten erst durch ein Hobby ergriffen wird. Und weil wir uns bei unserem Hobby von innen motivieren und uns keiner unsere Handlungen vorschreibt, können wir unsere Stärken auch voll ausspielen. Weil wir uns tief mit der Materie beschäftigen – aus dem eigenen Interesse heraus –, tüfteln wir so lange an unserer Handelsstrategie, bis sie perfekt zu uns und zu den von uns gehandelten Märkten passt. Weil wir selbst für unser Hobby brennen, sind wir auch bereit, Zeit und Mühe in das Trading zu investieren. Und wie es so ist: Engagement und Einsatz zahlen sich aus. Was uns Freude bereitet und was wir gerne tun, machen wir auch gut. Automatisch und unweigerlich.

Und wenn wir in einer Sache wirklich gut sind und sie mit Freude betreiben, warum sollten wir dann nicht die Gelegenheit ergreifen und aus unserem Hobby Trading den Beruf Trader machen?

#8 … weil Trader sich berufen fühlen

»Wähle einen Beruf, den du liebst, und du brauchst niemals in deinem Leben zu arbeiten.«

Konfuzius

Fragen Sie sich selbst: Wie sehen Sie sich und wie steht es um Ihre Zufriedenheit in Ihrem Job? Sind Sie zufrieden oder glücklich? Welchen Anspruch haben Sie wirklich an sich und Ihr (berufliches) Leben?

Beruf oder Berufung – wie sieht es bei Ihnen aus?

Dient unser Beruf dem Gelderwerb oder ist er für uns tatsächlich eine Berufung, die uns mit Sinn und Glück erfüllt?

Diese fürwahr philosophische Frage lässt sich leider nicht pauschal und vor allem endgültig beantworten, denn jeder Beruf und jede Aufgabe bringt Phasen der Langeweile, aber auch der Anspannung mit sich. Selbst die interessanteste Aufgabe kann eintönige und nervtötende Routinearbeiten beinhalten. Darum geht es aber auch nicht – es geht hier eher um das große Ganze.

Einer Forsa-Studie aus dem Jahr 2015 zufolge, die im Auftrag des sozialen Netzwerkes für berufliche Kontakte XING durchgeführt wurde, gaben von den befragten Fach- und Führungskräften immerhin 83 Prozent an, sie seien in ihrem derzeitigen Job zufrieden. Auf den ersten Blick liest sich das eigentlich gar nicht so schlecht, bedeutet es doch, dass der Job für den überwiegenden Teil der Befragten doch ganz okay ist – oder nicht?

Lassen wir uns diesen Begriff etwas auf der Zunge zergehen: zufrieden. Wer sich schon einmal mit Arbeitszeugnissen beschäftigt hat, der weiß, dass »Zufrieden« der Note 4 entspricht – also einem »Ausreichend«. Kann das der Anspruch sein, den wir für unser berufliches Leben haben? Zufrieden sein – ein Ausreichend?

Machen wir uns bewusst: Wir verbringen gut und gerne mindestens 40 Stunden pro Woche in unseren Berufen. Oftmals noch mehr. Das heißt, wir sehen unsere Kollegen, unsere Vorgesetzten oder unsere Mitarbeiter ebenfalls mindestens 40 Stunden pro Woche – das ist bei vielen Menschen öfter und länger, als sie ihre Familien oder Freunde sehen. Wir arbeiten in dieser Zeit voller Konzentration an unseren Aufgaben, Projekten und Verantwortungen. Und dann reicht uns ein mageres »Zufrieden«, ein »Ausreichend«?

Geht da nicht doch noch etwas mehr? Wollen wir nicht lieber »begeistert« oder gar »glücklich« sein – statt mit einem »Ausreichend« lieber mit einem »Gut« oder vielleicht sogar einem »Sehr gut« abschneiden?

Dieselben Fragen stellten sich offenbar auch die Teilnehmer der genannten Befragung. Denn rund die Hälfte gab zusätzlich an, mehr Erfüllung in ihrer aktuellen Tätigkeit zu suchen. Mit dieser Aussage kommen wir der Sache dann schon näher. Das ist gemeint, wenn von Zufriedenheit gesprochen wird. Man ist eben »ganz zufrieden«, es reicht gerade einmal so aus. Der nächste Schritt nach unten auf der Notenskala wäre ein »Mangelhaft«. In diesem Zusammenhang überrascht es auch nicht, dass rund ein Drittel der Befragten angab, mehr oder weniger auf dem Sprung zu einer neuen Aufgabe, einem neuen Beruf, einem neuen Unternehmen zu sein.

Stellen wir eine einfache Rechnung auf: Wenn wir von unserem Tag mindestens acht Stunden mit unserer Arbeit verbringen und dazu zwei Stunden für den Arbeitsweg addieren, dann bleiben uns nach gesunden acht Stunden Schlaf lediglich sechs Stunden für unseren privaten und sozialen Bereich. In dieser Zeit müssen wir unsere täglichen Besorgungen erledigen, vielleicht einem Sport nachgehen, unser Hobby pflegen, Freunde treffen und uns um unsere Familie kümmern. Viele Aufgaben für wenig Zeit.

Das sehen auch die befragten Fach- und Führungskräfte so: Ganze 84 Prozent gaben an, den konkreten Wunsch nach mehr Zeit für Freunde und Familie zu haben.

Führen wir uns dieses Ergebnis noch einmal zu Gemüte. Mehr als 80 Prozent der Befragten sind also zufrieden mit ihrem Job und wünschen sich gleichzeitig mehr Zeit für Freunde und Familie. Und ein Drittel aller Befragten ist quasi auf dem Sprung in eine neue Position, welche die erhoffte Wende bringen soll. Lebensglück sieht anders aus, finden Sie nicht auch?

Raus aus der Durchschnittlichkeitsfalle!

Müssen wir uns wirklich mit dieser Durchschnittlichkeit in unserem Leben zufriedengeben? Müssen wir uns damit abfinden, dass wir in unseren Berufen nur »zufrieden« sind? Haben wir wirklich nur einen Beruf und keine Berufung?

Bleiben wir realistisch. Natürlich hat nicht jeder den Luxus, frei zu entscheiden, welchem Beruf er nachgehen will. Manchmal sind es tatsächlich Sachzwänge, die uns in die eine oder andere Richtung treiben. So gibt es beispielsweise immer wieder Menschen, die der Familientradition folgend vielleicht Rechtsanwalt oder Mediziner werden müssen, sich aber tief in ihrem Herzen beispielsweise eher zur Kunst hingezogen fühlen und ihrem Beruf entsprechend unzufrieden nachgehen – manchmal auch zum Ärger ihrer Klienten oder Patienten. Es gibt aber auf der anderen Seite auch immer wieder Menschen, die ohne Wenn und Aber gemäß ihren persönlichen Neigungen und Vorlieben einen Beruf ergreifen, zu dem sie sich tatsächlich berufen fühlen.

Trader beispielsweise ist ein solcher Beruf. In diesem Beruf werden Sie im Regelfall nicht der Familientradition folgen müssen – ganz im Gegenteil. Oftmals müssen Trader am Beginn ihrer Karriere ihre Familie und ihr Umfeld erst davon überzeugen, dass Trading tatsächlich auch ein »richtiger« Beruf ist. Erst recht, wenn der Entschluss, Trader zu werden, im Anschluss an eine Karriere in einem »normalen« Beruf getroffen wird. Dann kommt zum Unverständnis über die gewählte Materie noch das Unverständnis hinzu, einen vermeintlich sicheren Job gegen eine unsichere Zukunft in den Finanzmärkten einzutauschen. Doch dieser Schritt kann sich lohnen, wie wir bereits erörtert haben.

Wir wollen in diesem Zusammenhang noch einen weiteren Punkt diskutieren. Nehmen wir einmal an, Sie sind in Ihrem derzeitigen Beruf soweit »zufrieden«. Für wie begeisterungsfähig halten Sie sich, wenn es darum geht, neue Aufgaben zu übernehmen? Wie hoch wird Ihr Einsatz bei neuen Aufgaben sein?

Es besteht ein erheblicher Unterschied darin, ob wir uns berufen fühlen oder bloß einer Arbeit nachgehen. Auch im Ergebnis. Denn mit dem Grad unserer eigenen Begeisterung definieren wir gleichzeitig die Qualität unserer Leistungen. So wird eine Aufgabe, die wir nur halbherzig und ohne Freude durchführen, niemals die gleich hohe Qualität aufweisen wie eine Aufgabe, die wir mit Begeisterung und Herzblut erledigen.

An diesem Punkt ist es jetzt an Ihnen, sich zu hinterfragen, wozu Sie sich berufen fühlen. Ist es tatsächlich Ihre derzeitige Tätigkeit oder sehnen Sie sich tief in Ihrem Inneren nach etwas anderem? Beruf oder Berufung. Zu selten machen sich die Menschen Gedanken über ihre Berufswahl und müssen mit den daraus resultierenden Konsequenzen ein ganzes Berufsleben durchhalten. Eigentlich schade, denn das, wozu wir uns berufen fühlen, ist das Feld, auf dem wir außergewöhnliche Leistungen vollbringen.

Und das Erreichen von außergewöhnlichen Leistungen verspricht mehr als Zufriedenheit. Es verspricht Glücklichsein.

#9 … weil Trader kostspielige Hobbys pflegen

»Hobbys: Heaven for the mind – Hell for the wallet.«

Als im Juni 2016 der Gotthard-Basistunnel in Anwesenheit prominenter Gäste aus Politik und Gesellschaft eröffnet wurde, kam es auf dem Flughafen Zürich-Kloten zu einer denkwürdigen Konstellation. Nicht die Tatsache, dass die Bundeskanzlerin der Bundesrepublik Deutschland Angela Merkel und der französische Premier François Hollande mit ihren Regierungsfliegern anreisten, begeisterte in den sozialen Medien. Nein, was in diesem Zusammenhang genüsslich getwittert und kommentiert wurde, war ein dritter Flieger, der allen anderen die Show stahl: der Flieger der britischen Heavy Metal Band Iron Maiden. Während Frau Merkel und Monsieur Hollande mit einem Airbus A340 beziehungsweise einem A330 eher bescheiden anreisten, trat die Band Iron Maiden mit ihrer gigantischen Boing 747-400 mehr als standesgemäß auf. Der dazugehörige Schnappschuss, auf dem die drei Flieger nebeneinander auf dem Flugfeld abgebildet sind, erfordert genaues Hinsehen, um die staatlichen Maschinen im Schatten des Band-Fliegers überhaupt zu entdecken.

Warum ich Ihnen diese Geschichte erzähle? Weil der Sänger der Band, Bruce Dickinson, gleichzeitig auch der Pilot des Band-Flugzeugs ist. Bevor Sie jetzt auf falsche Gedanken kommen: Nein, die Band Iron Maiden kann es sich sicher leisten, einen Piloten zu engagieren. Dennoch fliegt Bruce Dickinson persönlich die 747. Einfach weil es sein Hobby ist – und er entsprechend lizenziert wurde. Denn sowohl er als auch die Band können es sich leisten, ein solches Hobby zu pflegen. Und mit diesem Hobby ist Bruce Dickinson nicht allein. So ist der Schauspieler John Travolta nicht nur für seine durchaus sehenswerten Filme bekannt. Als leidenschaftlicher Pilot nennt er gleich fünf Flugzeuge sein Eigen und parkt diese praktischerweise auch direkt an seinem Wohnhaus.

HOBBYS: LUXUS ODER HOLZKLASSE?

Nun gibt es nicht nur die Fliegerei als Hobby, doch sie ist sicher eines der teureren. So müssen Sie als Hobbyflieger beispielsweise für einen privaten Flugschein einen fünfstelligen Betrag bereithalten. Auch wenn Sie kein eigenes Flugzeug besitzen, müssen Sie dann und wann eines mieten, um Ihre Flugerlaubnis aufrechtzuerhalten und Ihr Hobby damit weiterhin ausüben zu dürfen. Und das kostet!

Es gibt natürlich auch andere, weniger exklusive, aber dennoch durchaus kostspielige Freizeitbeschäftigungen. Sind Sie vielleicht leidenschaftlicher Segler? Dann brauchen wir über die dafür anfallenden Kosten sicher nicht weiter zu sprechen. Reiten kann das Portemonnaie ebenfalls ganz schön beanspruchen. Auch im Golfsport lassen sich für Ausrüstung, Mitgliedsbeiträge und Trainerstunden regelmäßig schöne Summen investieren. Oder Sie entdecken die Fotografie für sich. Mit Kamera, Objektiven und was man sonst noch für eine erfolgreiche Karriere als Hobby-Fotograf benötigt, summieren sich die Ausgaben ebenfalls im Laufe der Zeit – ganz zu schweigen von den Reisen zu den Fotografie-Hotspots dieser Welt. Sie sehen, die Möglichkeiten für ein kostspieliges Hobby sind nahezu unbegrenzt.

Vielleicht kennen Sie ja aus den bunten Bildern der Regenbogenpresse die Berichte über prominente Zeitgenossen, die einem kostspieligen Hobby nachgehen, ohne sich je Gedanken über dessen Finanzierung machen zu müssen. Die Frage ist an dieser Stelle nun, wie auch Sie ein Hobby ausüben können, das nicht nur erfüllend und anspruchsvoll, sondern darüber hinaus auch kostspielig ist. Die Antwort auf diese Frage ist naheliegend: durch Trading.

Träumen Sie nicht auch davon, wenn es um Ihr persönliches Hobby geht, nur das Beste zu erwerben? Die beste Ausrüstung, die beste Aus- und Weiterbildung, die besten Messen und Zusammenkünfte. Falls das Sammeln von seltenen Gegenständen zu Ihren Hobbys gehört: Wie wäre es wohl, wenn Sie sich das gefragte Einzelstück leisten könnten, das Ihre Sammlung vervollständigt, ohne noch Monate danach von Ravioli aus der Dose leben zu müssen?

Wir haben bereits ausführlich über die Wichtigkeit von Hobbys gesprochen und in diesem Sinne haben Sie nur das Beste verdient. Denn Hobbys bringen uns unter Umständen die Erfüllung und die Bestätigung, die wir an anderer Stelle möglicherweise nicht im gewünschten Maße erhalten. Unter diesem Aspekt wäre es schade, wenn Sie gerade hier Abstriche machen müssten.

Kehren wir zurück zum Trading. Die meisten beginnen mit dem Trading ebenfalls als Hobby, was ja auch sinnvoll ist. So können Sie im Hobby-Trading die ersten Schritte gefahrlos gehen, ohne Ihre finanzielle Versorgung zu gefährden. In diesem Sinne können Sie natürlich auch dauerhaft nebenbei handeln – neben Ihrem Beruf. Stellen Sie sich vor, Sie könnten mit dem Hobby-Trading das Geld verdienen, das Sie für ein weiteres Hobby benötigen.

Ganz nebenbei bemerkt: Vielleicht kann aus Ihrem so finanzierten Hobby später dann doch Ihr neuer Beruf werden. Nicht Trader, sondern das, was Sie sonst noch begeistert. Wie wäre das für Sie? Lohnt es sich unter diesem Aspekt nicht, genauer über das Trading nachzudenken?

#10 … weil Trader immer eine neue Chance bekommen

»Chancen multiplizieren sich, wenn man sie ergreift.«

Sun Tzu

Ein altes Sprichwort besagt, dass es niemals eine zweite Chance für den ersten Eindruck gibt. Dieser Aussage können wir im Umgang mit anderen Menschen vorbehaltlos zustimmen. Denn ist der erste Eindruck erst einmal entstanden, so ist alles, was darauf folgt, eine mehr oder weniger bewusste Korrektur dieses ersten Eindrucks.

Oftmals ist es aber so, dass ein erster Eindruck gleichzeitig der letzte ist. In Sekundenbruchteilen bilden wir uns ein Urteil, und dieses auch endgültig. Aufgrund unseres ersten Eindrucks bilden wir uns eine Meinung oder treffen eine Entscheidung. Sympathisch oder unsympathisch. Freund oder Feind. Ja oder Nein. Der erste Eindruck ist entscheidend und die allerwenigsten Menschen machen sich die Mühe, diesen anschließend weiter zu hinterfragen.

Aus diesem Grund ist es wichtig, stets einen guten ersten Eindruck zu hinterlassen. Das kann mitunter anstrengend sein, denn nicht immer sind wir in der Verfassung, uns von unserer besten Seite zu zeigen. Doch schaffen wir es nicht, einen ersten guten Eindruck zu hinterlassen, bekommen wir von unserem Gegenüber oftmals keine zweite Chance.

Der erste Eindruck – keine Chance für einen Neustart

Warum auch? Schließlich sind wir nicht allein auf der Welt. Wenn wir es nicht schaffen, einen ersten positiven Eindruck zu hinterlassen, dann macht das eben ein anderer. Gut für den anderen, schade für uns.

Ein verfehlter positiver erster Eindruck hat manchmal weitreichende Folgen. Stellen Sie sich vor, Sie wollen sich auf einen neuen Arbeitsplatz bewerben. Im Jobinterview machen Sie einen schlechten Eindruck. Das Ende vom Gespräch wird sein, dass Sie Ihre Unterlagen erhalten und gehen dürfen. Das Gespräch ist beendet und jemand anders erhält die Chance auf den Posten.

Vielleicht arbeiten Sie im Vertrieb und sind im regelmäßigen Kontakt mit Ihren Kunden und Neukunden. Gerade wenn es um die Ansprache neuer Kunden geht, ist ein positiver erster Eindruck unerlässlich. Und wie soll dieser aussehen? Professionell, zuverlässig und sympathisch. In dieser Reihenfolge. Wer es als Verkäufer im Vertrieb oder auf der Ladenfläche nicht schafft, einen entsprechenden ersten positiven Eindruck zu vermitteln, wird keine Geschäfte abschließen. Wer es nicht schafft, im Erstkontakt seinen Gesprächspartner auf seine Seite zu bringen, wird im Nachgang keine weitere Chance mehr erhalten.

Schauen wir in meine persönliche Praxis: Ich halte viele Vorträge und führe Ausbildungen durch. Stellen Sie sich vor, der erste Eindruck, den ich bei meinen Zuhörern und Seminarteilnehmern hinterlasse, wäre nicht positiv. Ich bekäme keine zweite Chance, um das Publikum für mich zu gewinnen. Ist der erste Eindruck negativ, leeren sich die Plätze. Und wenn es kein räumliches Entrinnen gibt, suchen sich die Zuhörer zumindest Ablenkung. Deshalb noch einmal: Der erste Eindruck muss sitzen. Ohne Wenn und Aber.

Es gibt noch einen weiteren Aspekt, wenn es um Chancen geht. Dieser Aspekt hat unter Umständen eine weitaus größere Brisanz als der berühmte erste Eindruck. Denn im Leben geht es eben oftmals auch darum, die sich bietende Chance zum richtigen Zeitpunkt zu ergreifen. Wird diese verpasst – wird ein anderer zugreifen. Manchmal gibt es tatsächlich nur diese eine Chance, die wir nicht verpassen dürfen. Das kann der Traumjob sein, der perfekt passende Lebenspartner oder der historische Tiefstand im Deutschen Aktienindex im Jahr 2003. Schaffen wir es nicht, diese Chance zu ergreifen, ist sie vorbei und wir müssen mit der zweitbesten Wahl leben.

Wenn wir uns an dieser Stelle auf den DAX® konzentrieren, war der Tiefstand von 2003 rückblickend betrachtet ein perfekter Moment für langfristig orientierte Anleger und Investoren. Tiefer ist der Markt im Anschluss seitdem nicht mehr gefallen. Wer sich zu diesem Zeitpunkt positionierte, konnte nur gewinnen – allen Schwankungen zum Trotz. Das Einzige, was ein Anleger von da an machen musste, war warten und gegebenenfalls das Risiko absichern. Bessere Einstiegskurse für den Gesamtmarkt gab es seitdem nicht mehr.

Die zweite Chance – für Trader in Dauerschleife

Was für Anleger oder Investoren entweder *die* eine Lebenschance oder eben *der* verpasste Moment bedeutet, kann Tradern glücklicherweise ziemlich egal sein. Für uns Trader gibt es immer wieder neue erstklassige Chancen. Unabhängig davon, ob wir im lang-, mittel- oder kurzfristigen Zeitrahmen agieren, gibt es immer neue Chancen. Wichtig ist allerdings, dass wir agieren. Denn nur wer agiert, wird immer wieder neue Chancen finden und nutzen können. Für uns Trader gibt es dementsprechend nicht *die* eine Chance. Für uns Trader gibt es immer wieder neue Chancen. Tagein – tagaus.

Das Beste daran ist: Dem Markt ist es vollkommen egal, ob wir einen positiven und guten ersten Eindruck machen. Der Markt interessiert sich nicht dafür, ob wir im Anzug oder im Morgenmantel vor dem Rechner sitzen. Selbst wenn Sie komplett auf Kleidung verzichten, tut das Ihrem Handel keinen Abbruch. Der Markt kümmert sich nicht darum, ob wir heute besonders gut gelaunt sind oder ob uns eine Laus über die Leber gelaufen ist. Der Markt interessiert sich nicht für uns und der Markt kennt uns nicht. Der Markt agiert unabhängig von uns. Das ist unser Vorteil als Trader.

Selbst wenn wir einen Trade, einen Tag oder sogar eine Woche vollkommen verreißen und dabei sämtliche Trading-Regeln verletzen oder uns benehmen, als ob wir vollkommen wahnsinnig wären, wird das keinerlei Auswirkungen auf die weiteren Marktbewegungen haben. Der Markt wird uns im Laufe seiner Bewegungen weiterhin völlig unvoreingenommen neue Trading-Chancen anbieten, so wie jedem anderen Trader eben auch.

Wenn es um den Markt geht, fangen wir immer wieder bei null an. Der Markt gibt uns Tradern immer wieder eine neue Chance – unabhängig davon, was wir machen oder wie wir sind.

#11 ...WEIL DER MARKT TREU IST

»Erst in einer Zeit der Unruhe kann man Treue erkennen.«

KONFUZIUS

Wer im Arbeitsleben steht, kennt vielleicht dieses Gefühl. Das Gefühl, dass irgendetwas nicht mehr so ist, wie es war. Das Gefühl, dass eine Veränderung ansteht. Das Gefühl, dass die Veränderung einen ganz persönlich betrifft. Dieses unbestimmte Gefühl der Unsicherheit. Noch wurde nichts angesprochen, doch tief in uns wissen wir bereits, dass irgendetwas nicht so ist, wie es sein sollte. Der vorbeihuschende Blick der Kollegen, der etwas zu distanzierte Kontakt mit dem Vorgesetzten. Die in letzter Zeit eher unbedeutenden Aufgaben. Und dann, wie aus heiterem Himmel, die Einladung zum Gespräch: »Wir müssen uns leider von Ihnen trennen ...«

Auch wenn Sie diese Situation vielleicht nicht kennen, so können Sie sich wahrscheinlich dennoch vorstellen, wie es einem Menschen in einer solchen Situation gehen mag. Der Job – verloren, die Position – gekündigt, man selbst – gefeuert. Verrat. Verrat – trotz des geleisteten Einsatzes. Verrat – trotz der investierten Lebenszeit. Verrat – trotz der persönlichen Treue.

Jeden Tag verlieren Menschen ihren Arbeitsplatz. Teilweise betriebsbedingt, teilweise aus persönlichen Gründen. Nicht immer wird dabei mit offenen Karten gespielt, ab und an wird der neue Kandidat auch hinter dem Rücken des Betroffenen im Markt gesucht. Erst wenn sich Kunden, Lieferanten oder externe Kollegen hinter vorgehaltener Hand melden, wird die unglückliche Situation offengelegt.

Loyalität – eine Einbahnstrasse?

Unternehmen verlangen Treue und Verlässlichkeit von ihren Mitarbeitern und damit eine möglichst lange Bindung an den Betrieb. Wenn es aber darum geht, verlässlich gegenüber dem eigenen Mitarbeiter zu sein, sieht die Sache oftmals anders aus. Nicht immer kommt es bei der Frage um Bleiben oder Gehen tatsächlich auf die Arbeitsleistung an. Nicht selten geht es eher darum, ob Vorgesetzter und Mitarbeiter miteinander harmonieren. Was im Klartext bedeutet, ob der Mitarbeiter auch im Sinne des Vorgesetzten agiert.

Dieses Szenario funktioniert selbstverständlich auch andersherum. Oft genug suchen Mitarbeiter aus dem Sicheren heraus eine neue Aufgabe in einem anderen Unternehmen. Die Motive sind dabei so unterschiedlich wie die Menschen selbst. Bei dem einen ist es mehr Freiraum, bei dem anderen mehr Verantwortung, die er sucht. Ein Dritter wiederum sucht ein höheres Einkommen. Auch in diesem Fall gibt es keine Treue, keine Treue zum Unternehmen.

Machen wir es kurz. Wir leben in einer Zeit, in der Bindungen in Unternehmen oftmals eher lose oder projektbezogen eingegangen werden. Dabei nimmt vonseiten der Unternehmen der Wunsch nach einer festen Mitarbeiterbindung immer mehr zu. Der Grund hierfür ist einfach. Zu groß sind mittlerweile Kosten und Aufwand, geeignete Mitarbeiter zu rekrutieren, sofern überhaupt geeignete Kandidaten zur Verfügung stehen. Denn der Pool, aus dem geschöpft werden kann, wird immer kleiner. Fachkräftemangel ist das Stichwort, das den »War for Talents« treffend beschreibt. Aus einem Arbeitgebermarkt wird zunehmend ein Arbeitnehmermarkt. Nicht mehr Unternehmen können sich heute ihre Mitarbeiter aussuchen, sondern vermehrt die Mitarbeiter ihre Unternehmen. Und so agieren manche Mitarbeiter auch. Da werden gut dotierte Verträge unterzeichnet und noch vor Arbeitsantritt gekündigt, weil das Angebot vom Wettbewerbsunternehmen doch besser war.

Treue und Verlässlichkeit sind hohe Werte, zweifelsohne. Doch was haben diese mit dem Trading zu tun? Gerade in einer Phase, in der die » gefühlte« Macht der Arbeitnehmer größer wird. Müssen wir in diesem Zusammenhang wirklich Treue und Verlässlichkeit hervorheben? Sicher. Denn wo Treue und Verlässlichkeit nachlassen, nehmen Unsicherheit und Unstetigkeit zu. Wer sich mehr oder weniger jederzeit aussuchen kann, in welchem Unternehmen er arbeiten möchte, wird es auch tun. Und wer für bestimmte Aufgaben aussuchen kann, mit wem er arbeiten will, wird diesen Vorteil ebenfalls entsprechend ausspielen. So werden kürzere Beschäftigungsverhältnisse eingegangen, als es in der Vergangenheit üblich war. Unruhe statt Ruhe – für Unternehmen und Mitarbeiter.

Doch nicht jeder Mensch ist auch der Typ dafür. Nicht jeder kann und will sich auf neue Themen, neue Kollegen oder neue Aufgaben in immer kürzeren Abständen einlassen. Es gibt auch Menschen, für die ist Konstanz wichtig. Ruhe und Stabilität.

Diese Konstanz finden wir im Trading. Wer Verlässlichkeit sucht, wem Konstanz wichtig ist, der findet das in den Märkten. Vielleicht erfüllt Sie diese Aussage mit Erstaunen. Finanzmärkte, da gibt es doch nur Auf- und Abwärtsbewegungen, denken Sie. Wie können wir bei dem Hin und Her ernsthaft von Konstanz und Verlässlichkeit sprechen?

Wir können das, weil die Märkte immer da sind – konstant und verlässlich. Einige Märkte sind sogar 24 Stunden durchgängig für uns da – ohne Unterbrechung. Sie werden sich nicht von uns trennen, sie lassen uns nicht im Stich. Nur wir Trader können ihnen den Rücken kehren. Und wenn wir eines Tages wieder zu ihnen zurückkehren, dann sind sie immer noch da. Bereit für unseren nächsten Trade. Das ist Konstanz, das ist Verlässlichkeit. Das ist Treue.

#12 ...weil im Trading Nichtstun eine Option ist

»Ein Augenblick der Geduld kann vor großem Unheil bewahren, ein Augenblick der Ungeduld ein ganzes Leben zerstören.«

Chinesisches Sprichwort

»... und, was hast du heute so gemacht?« Gestresste Zeitgenossen können ein Lied davon singen. Die vielen Aktivitäten passen bei vielen Menschen nur mit Müh und Not in den Tag hinein. Eine Aktivität jagt die andere. Telefonate, E-Mails, Meetings, Rücksprachen und Termine wechseln sich im Arbeitsalltag in schöner Regelmäßigkeit ab – da bleibt kaum noch Zeit zum Durchatmen und selbst der Kaffee ist »to go«.

Süchtig nach Stress

Machen wir uns nichts vor: Wir leben in einer Leistungsgesellschaft. Höher, weiter, schneller ist die Devise. Performance um jeden Preis – nur das Ergebnis zählt. Und so hängen wir uns rein, erledigen mehrere Aufgaben gleichzeitig, um die vielen Aktivitäten in den einen Tag zu pressen. Wobei wir eigentlich selbst genau wissen, dass der Mensch nicht multitaskingfähig ist. Aber dennoch: Anders geht es nicht, die Arbeit muss gemacht werden. Da wundert es nicht, dass in Unternehmen die Zeit-Management-Seminare am begehrtesten sind. Immer verbunden mit der Hoffnung auf eine Antwort für die Frage: »Wie soll ich meine ganzen Aktivitäten und Aufgaben unter einen Hut bekommen?«

Interessant hierbei ist, dass viele Menschen praktisch süchtig nach dem täglichen Stress sind. Der Wunsch – oder besser Zwang, alle anfallenden Aufgaben möglichst gleichzeitig und schnell zu erledigen, hat sich mittlerweile in einem Krankheitsbild manifestiert, das als »Hurry Sickness« bezeichnet wird. Betroffene empfinden einen ständigen Zeitmangel und versuchen, diesen durch immer schnelleres Arbeiten auszugleichen. Gleichzeitig entsteht durch den permanent hohen Leistungsdruck ein Gefühl der Wichtigkeit und des Gebrauchtwerdens bei den Betroffenen. Um die Abwärtsspirale zu komplettieren, verbinden viele Menschen mit der Anerkennung für ihre in Höchstgeschwindigkeit erreichten Ziele zusätzlich eine Sinnhaftigkeit, die sie nach noch mehr Stress streben lässt.

Da viele Trader ihre Laufbahn neben einer Vollzeittätigkeit beginnen, fragen Sie sich selbst:

- Inwieweit sind Sie von der Hurry Sickness betroffen?
- Verbinden Sie Stress und permanentes Tätigsein mit Anerkennung und Erfolg?
- Inwieweit komplettiert Trading Ihren täglichen Stress?

Statt ständig etwas zu machen, können Sie auch ständig nichts tun

Für angehende Trader ist die erste Berührung mit den Märkten mit einem intensiven Umstellungsprozess verbunden. Denn wer sich im Berufsleben mit Vollgas als Macher präsentiert und ständig etwas vollbringen muss, wird im Trading scheitern. Wer es nicht schafft, den Tag auch mal mit Warten zu verbringen, wird an der erfolgreichen Trader-Karriere vorbeilaufen. Zwangsläufig.

Warum ist das so?

Wenn wir einen realistischen Blick auf das Börsengeschehen werfen, werden wir feststellen, dass es in jedem beliebigen Markt regelmäßig gute Gelegenheiten gibt, um eine Position zu handeln. Wir werden aber auch feststellen, dass es in einem überwiegenden Teil der Zeit keine sinnvollen Gelegenheiten zum Handeln gibt. Wer in diesem Moment aber auf dem Gaspedal steht und es bis zum Bodenblech durchdrücken will, wird verlieren. Wenn aus dem Zwang zur Aktion heraus eine Position eröffnet wird, ohne dass ein tatsächliches Signal vorliegt, wird diese in den allermeisten Fällen mit Verlust beendet werden. Wer es dagegen schafft, mit besonnener Distanz auf ein konkretes Signal zu warten, der kann sich über wohlverdiente Gewinne freuen. Klingt einfach, ist aber schwer.

Dass Nichtstun manchmal auch eine Option ist, wird für viele Trader ein wichtiger und gewinnbringender Lernprozess. Still zu sitzen und darauf zu warten, dass sich die gewünschte Handelsgelegenheit ergibt, ist die Kunst, die Trader erfolgreich macht. In diesem Sinne können Trader keine Anerkennung dafür erwarten, dass sie möglichst viele Trades in möglichst kurzer Zeit umsetzen. Im Gegenteil. Die Anerkennung erfolgt dafür, auf die richtige Gelegenheit warten zu können und im passenden Moment in Aktion zu treten.

Bis es aber so weit ist, heißt es schlicht und ergreifend: Nichts tun!

#13 … weil im Trading weniger mehr ist

»Minimalismus ist der Schlüssel zu wahrer Eleganz.«

Coco Chanel

Sie sind also Trader und handeln intraday. Gestatten Sie mir eine Frage: Wie viele Monitore buhlen aktuell um Ihre Aufmerksamkeit?

Viele starten mit einem unglaublich hohen technischen Aufwand in das Trader-Leben. Da werden sechs bis acht 24-Zoll-Monitore in Reihe aufgestellt. Angeschlossen an einen wassergekühlten High-End PC, nach dem sich die Gaming-Community die Finger leckt. Das Internet ist selbstverständlich über Glasfaser erreichbar und die Stromversorgung wird über zwischengeschaltete Notstromaggregate sichergestellt. Soweit die Hardwareseite. Auf der Softwareseite geht es ähnlich zur Sache. Mehrere Handelsprogramme sind aktiv und die Konten sind über mindestens drei Broker verteilt. Zusätzlich werden die wichtigsten Nachrichtenportale offen gehalten, um jederzeit auf dem aktuellsten Stand der Dinge zu sein. So weit ausgerüstet kann es dann losgehen. Selbstverständlich wird jeder Trade auf Facebook geteilt und vorher über Twitter angekündigt. Mit Screenshot.

Die meisten Trader bürden sich zu viele Aktivitäten und Ablenkungen auf. Software, Hardware, News und Social Media. Ach ja – und Trading.

Sprechen wir es offen aus. Viele Trader setzen sich auf diese Weise einem hohen Stress aus, obwohl das überhaupt nicht notwendig ist. Schließlich ist Trading im Regelfall eine freiwillige Angelegenheit, bei der uns niemand sagt, was wir zu tun und zu lassen haben.

Warum also setzen wir uns freiwillig so unter Druck? Was soll diese komplexe und teilweise unnötige Aufrüstung? Ist weniger nicht tatsächlich mehr? Schließlich soll es auch erfolgreiche Trader geben, die all ihre Aufgaben mit einem Laptop erledigen. Inklusive Social Media.

Die technische Seite

Zugegeben, ohne Technik geht es nicht. Je nachdem, ob ein fester Arbeitsplatz zur Verfügung steht oder ob Sie mal hier, mal dort in Ihrer Wohnung oder Ihrem Haus arbeiten, können Sie sich für einen Laptop oder Desktop-PC entscheiden. An dieser Stelle muss jeder für sich beschließen, wie viel für eine Performance wirklich wichtig ist. Doch eines ist sicher: Technischer Schnickschnack macht uns nicht zu besseren Tradern. Sie benötigen nicht den schnellsten Prozessor mit der höchsten Taktung für Ihre Handelsprogramme. Ein bürotauglicher Prozessor tut auch seine Pflicht. Bei der Grafik darf es aber schon etwas besser sein. Schließlich wollen Sie nicht, dass Ihr Chartbild während des Tradings einfriert. Dementsprechend ist ein anständiger Arbeitsspeicher empfehlenswert. Der Anspruch muss sein, dass Sie flüssig mehrere Fenster offen halten können, ohne mit Aussetzern rechnen zu müssen. Das schafft aber im Prinzip jeder handelsübliche Bürorechner.

Kommen wir zu den Monitoren. Auch hier hilft viel nicht unbedingt viel. Ganz im Gegenteil. Je mehr Bildschirme Sie haben, umso weniger können Sie Ihre Aufmerksamkeit fokussieren. Je mehr Monitore vor Ihnen stehen, umso mehr müssen Ihre Augen hin- und herwandern, um alles zu erfassen. Im Extremfall müssen Sie mit Ihrem Stuhl von einer Seite zur anderen rollen. In diesem Sinne sollte bei vier Monitoren Schluss sein. Wie gesagt, im Prinzip genügt ein Laptop.

Was die Stromversorgung und auch die Internetanbindung angeht, möchte ich Sie auch hier auf den Boden der Tatsachen zurückholen. Solange Sie flüssig im Internet surfen und gleichzeitig einen Radiostream verfolgen können, ist Ihre Internetverbindung mehr als ausreichend. Und was den Strom betrifft: Wann hatten Sie das letzte Mal einen Stromausfall? Für diesen Fall haben Sie Ihre Position hoffentlich mit Stop-Loss und Gewinnlimit im Markt versehen, oder etwa nicht?

Was die Technik angeht, können wir also Entwarnung geben. Sie können bereits mit handelsüblichem Equipment professionell Ihre Arbeit als Trader aufnehmen.

Der Gorilla im Bild

Was uns zum Trading selbst bringt. Wie viele Handelsstrategien setzen Sie um? Wie viele Märkte verfolgen Sie? Auf wie vielen Internetportalen sind Sie aktiv? Wie viele Zeitfenster beobachten Sie in den von Ihnen gehandelten Märkten zur gleichen Zeit?

Gerade intraday ist die Versuchung groß, möglichst viele Informationen zu verfolgen. Bei vielen Tradern spielt sich in etwa das folgende Szenario ab:

»Was passiert im Minuten-Chart? Wie sieht es im Stunden-Chart aus? Wo entsteht ein Handelssignal im 15-Minuten-Chart? Aha, Euro/US-Dollar fällt. Dann muss der DAX® doch steigen – schaue ich mir gleich einmal an. Moment – auf facebook postet jemand gerade eine Trading-Idee im Gold. Das muss ich vorher noch mit den News abgleichen.«

Wir verfolgen während unserer Handelssitzungen eine so große Anzahl an Informationen, dass die Gefahr besteht, dass wir sie zum einen überhaupt nicht mehr vollständig verarbeiten können und uns zum anderen in der Interpretation dieser Informationen verzetteln. Im Ergebnis ist damit niemandem geholfen. Ganz im Gegenteil. Die Frage, die wir uns in diesem Zusammenhang stellen müssen, lautet, wie viel Information wir tatsächlich aufnehmen und verarbeiten können.

Im Endeffekt können wir nur dann wirklich etwas wahrnehmen, wenn wir uns auch auf etwas konzentrieren. Unsere Konzentration ist begrenzt, wir können unsere Aufmerksamkeit nur selektiv auf ausgewählte Bereiche richten. Dabei gilt, dass alles, worauf unser Blick fällt, auch tatsächlich erkannt werden kann. Der Umkehrschluss ist, dass alles, was sonst noch um uns herum erscheint, nicht mehr in vollem Umfang wahrgenommen werden kann.

In einem Experiment haben die Psychologen Christopher Chabris und Daniel Simons bewiesen, dass wir, wenn wir uns auf eine bestimmte Szenerie konzentrieren, Veränderungen dieser Szenerie unter Umständen überhaupt nicht bemerken. Konkret ging es bei dem Experiment darum, dass die Probanden zwei Teams dabei beobachten sollten, wie sie sich gegenseitig Bälle zuwarfen. Die Aufgabe bestand darin, anschließend die Anzahl der jeweiligen Ballkontakte eines bestimmten Teams zu nennen. Dabei waren einige Probanden dermaßen auf das Zählen der Ballkontakte fokussiert, dass sie die Veränderung der Szenerie, als sich eine als Gorilla verkleidete Person dazugesellte, überhaupt nicht wahrnahmen. Entsprechend groß war das Erstaunen, als die Situation aufgeklärt wurde.

Weniger ist mehr

Was hat das mit Trading zu tun? Stellen Sie sich vor, Sie sind so auf Ihre Long-Position im DAX® fixiert, dass Sie alles andere ausblenden. Auch die Umkehrsignale im Markt. Im Ergebnis schafft der Tunnelblick so exakt die Verluste, die wir durch möglichst vielfältige Informationen zu vermeiden versuchen.

Wenn wir also sowieso nicht alles wahrnehmen können, was um uns herum geschieht, macht es dann nicht Sinn, die Komplexität zu reduzieren und uns auf das Wesentliche zu besinnen?

Fügen wir diese Erkenntnis mit den vielfältigen Informationen zusammen, die sich auf vielen Monitoren in den Trader-Stuben tummeln, so wird das ganze Ausmaß der selbst verursachten Ablenkung deutlich. Denn obwohl es uns erwiesenermaßen nicht möglich ist, alle verfügbaren Informationen gleichzeitig aufzunehmen und zu verarbeiten, wird es dennoch regelmäßig versucht. Das Ergebnis ist, dass wir mit zu vielen Informationen überfrachtet werden, die uns davon abhalten, sauber und fundiert zu überlegen, was wir tatsächlich im Markt umsetzen wollen und können. Das verursacht zum einen Stress, zum anderen sind diese Ablenkungen die Grundlage für unsere Trading-Fehler. Was wiederum Stress verursacht.

Was also können Sie tun, um Ihr Trading erfolgreich zu gestalten? Konzentrieren Sie sich. Bleiben sie bei einigen wenigen Strategien, die Sie dafür jedoch sauber umsetzen. Bleiben Sie bei einigen wenigen Märkten, die Sie dafür professionell analysieren und verfolgen. Werten Sie einige wenige zusätzliche Informationen aus, um Ihre getroffenen Handelsentscheidungen zu unterstützen oder zu hinterfragen. Nutzen Sie eine solide und einfach zu bedienende Technik und eine stabile Handelsplattform. Weniger ist mehr. Im Trading auf jeden Fall. Vermeiden Sie Ablenkungen und konzentrieren Sie sich auf Ihre Arbeit. Ist diese getan, können Sie sich wieder mit den anderen Dingen beschäftigen. Und das ebenfalls mit voller Hingabe.

#14 … WEIL DER MARKT NICHTS PERSÖNLICH NIMMT

»Stößt dich ein Blinder, so ärgere dich nicht.«

Der Mensch ist ein empfindsames Wesen. So schnell wie er beleidigt ist, so lange trägt er seinen Mitmenschen diese Beleidigung nach. Es gehören aber immer zwei dazu. Der eine, der beschimpft und beleidigt, sowie der andere, der beschimpft und beleidigt wird. Beide Seiten haben die Wahl, wie sie damit umgehen.

Zuerst natürlich derjenige, der sich grob und beleidigend verhält. Seine Wahl besteht darin, sein unschönes Tun zu beginnen oder es zu unterlassen. Was beim Verursacher auf der Hand liegt, ist beim Beleidigten weniger offensichtlich. Doch auch der Beleidigte hat eine Wahl. Vielleicht werden Sie an dieser Stelle sagen: »Moment mal, wenn mich einer beleidigt, dann habe ich doch keine Wahl. Ich muss mir diese Unverschämtheiten doch anhören – ob ich nun will oder nicht!«

Das stimmt. Den oftmals unhöflichen Bemerkungen unserer Mitmenschen können wir nur schwerlich entgehen. Seien es die in direkter Art und Weise an uns herangetragenen oder die weniger direkten Unverschämtheiten, die uns über Umwege erreichen. Oftmals heißt es schlicht: »Hast du schon gehört? Der- oder diejenige hat dieses und jenes über dich gesagt …«

Entkommen können wir dem also nicht. Dennoch haben wir eine Wahl. Wir können wählen, ob wir uns diese Rüpeleien zu Herzen nehmen oder ob wir sie ignorieren. Wir alle kennen Situationen, in denen wir nicht lange fackeln und sofort auf das Gesagte reagieren. Wir haben dann unsere Entscheidung getroffen. Wir schlagen zurück und zahlen in gleicher Währung heim – mit Zinsen.

Was im Umgang mit unseren Mitmenschen zu manch unschöner Situation führt, tritt in abgewandelter Form auch im Trading auf. Denn auch da wird beleidigt, geschimpft, verflucht und gedroht. Wie kommt es dazu?

Der ungehobelte Trader

Wenn wir unsere Hausaufgaben machen, den Markt eingehend analysieren und daraus eine Trading-Entscheidung herleiten, die wir auch umsetzen, sind wir voller positiver Erwartung. Nach all der Arbeit haben wir uns unseren Gewinn auch redlich verdient, oder? Doch dann kommt es anders, als wir gedacht haben. Mit einem klassischen Täuschungsmanöver schickt der Markt uns in die falsche Richtung und unser gut geplanter Trade landet statt im geplanten Gewinn im realisierten Verlust. Dann geht es los: »Der blöde Markt!«, »Die haben doch keine Ahnung!«, »Wie können die in dieser Situation kaufen (verkaufen)?!« Den Rest erspare ich Ihnen, Sie wissen, was gemeint ist.

Aus einer negativen Emotion heraus, nach einer Enttäuschung, einem Verlust, bricht es aus uns heraus. Der Markt wird zum Opfer unserer Tiraden. An dieser Stelle haben wir unsere Entscheidung getroffen – wir lassen alles raus und ziehen richtig vom Leder. Immerhin soll es auch etwas Befreiendes haben.

Der gelassene Markt

Doch was macht der Markt? Wie entscheidet sich der Markt im Angesicht unserer Beschimpfungen und Beleidigungen? Wie sieht seine Reaktion aus? Zahlt er es uns ebenfalls in barer Münze zurück? Im Gegensatz zu vielen Menschen, die sich dafür entscheiden, auf Beschimpfungen und Beleidigungen auf gleiche Art zu reagieren, und sich damit auf das Niveau ihres Angreifers begeben, entscheidet sich der Markt dazu – nichts zu tun. Vollkommen ungerührt von all den wüsten Beschimpfungen der Trader vollzieht der Markt seine Bewegungen. Geht hoch, geht runter und läuft seitwärts. Dem Markt ist es egal, ob er damit jemandem gefällt oder missfällt. Es ist ihm auch egal, was andere über ihn sagen oder denken. Der Markt ist gelassen und trägt niemandem etwas nach.

Egal wie sehr wir uns über ihn aufregen, der Markt wird uns immer wieder neue Chancen anbieten. Vollkommen unvoreingenommen, ganz gleich, was vorher war. Selbst wenn wir unser gesamtes Repertoire an Schimpfwörtern ausschöpfen – der Markt nimmt es nicht persönlich.

#15 … WEIL AUCH KLEINVIEH MIST MACHT

»Auch der längste Weg beginnt mit dem ersten Schritt.«

Der eine oder andere Trader verbindet mit Trading den Wunsch nach Reichtum. Naturgemäß ist das oftmals der Wunsch derjenigen, die es noch nicht sind – und oftmals auch am weitesten vom Reichtum entfernt sind.

Den Wunsch oder vielleicht auch die Sehnsucht nach Reichtum spüren wahrscheinlich die meisten in sich. Auch wenn es nicht gerne zugegeben wird, ist doch die Aussicht, durch Trading Reichtum zu erlangen, irgendwie verlockend, finden Sie nicht auch? Und tatsächlich gibt es immer wieder Trader-Persönlichkeiten, die dieses Ziel auch erreichen.

Stellt sich nun die Frage, was Sie zum Trading mit dem Ziel Reichtum mitbringen müssen. Wie viel Kapital benötigen Sie, um durch Trading reich zu werden? Frei nach dem Motto »Viel hilft viel« ist es natürlich nicht hinderlich, wenn Ihre Ausgangbasis zum Trading bereits umfangreich ist. Wer beispielsweise mit einem sechsstelligen Handelskonto beginnt, hat naturgemäß eine kleinere Wegstrecke bis zur ersten Million zurückzulegen als ein Trader, der ein paar Tausender für den Start zusammenkratzen konnte.

KLEIN BLEIBT KLEIN?

Wenn wir uns nun vor Augen führen, dass die überwiegende Mehrzahl der Einsteiger mit einem Handelskonto in der Größe zwischen

5000 und 10.000 Euro in den Börsenhandel startet, dann stellt sich unweigerlich die Frage, wie sie jemals in den Genuss von Wohlstand und Reichtum kommen sollen. Sind Trader mit diesen Ausgangsgrößen nicht chancenlos?

Ich sage Nein! Natürlich geht zum Beispiel eine Zielerreichung von 5000 Euro auf 1.000.000 Euro nicht von heute auf morgen. Auch nicht auf übermorgen. Aber es ist möglich – zumindest mathematisch.

Wenn beispielsweise ein Trader sein Handwerk beherrscht, intraday handelt und profitabel ist, kann bereits ein kleiner Betrag eine große Wirkung erzielen. Stellen Sie sich einmal vor, dass mit diesem 5000-Euro-Handelskonto ein durchschnittlicher täglicher Gewinn von 1 Prozent erwirtschaftet wird. Mit einer profitablen Strategie und etwas Geduld reicht dafür unter Umständen ein einzelner Trade am Tag, der natürlich im Gewinn geschlossen werden muss. Selbst wenn das nicht immer gelingt, ist das kein Thema. Wir sprechen von einem Durchschnittswert.

Rechnen wir kurz durch: 1 Prozent vom Handelskonto sind in diesem Beispiel 50 Euro. Das sieht auf den ersten Blick nicht sonderlich spektakulär aus, insbesondere dann, wenn wir bedenken, dass manchmal für diesen einen Prozentpunkt den ganzen Tag gehandelt werden muss. Aber dennoch hat es dieser Betrag in sich. Wenn nämlich unser Trader jeden Tag einen solchen Gewinn erhandelt, kann er in der Woche 250 Euro erreichen. Auf den Monat gerechnet ergeben sich so schon 1000 Euro. Auf diese Weise sind aus den 5000 Euro Ausgangskapital am Monatsende bereits 6000 Euro[11] geworden. Ein Zugewinn von 20 Prozent! In einem Monat! Diesen Betrag können wir nun wiederum als Berechnungsgrundlage für unser 1-Prozent-Gewinnziel heranziehen. Jetzt ist aus dem anfänglichen 50-Euro-Ziel ein um 20 Prozent höheres Ziel geworden – nämlich 60 Euro. Darauf basierend ergibt sich in der Woche ein Gewinnziel in Höhe von 300 Euro, das sich auf ein Monatsergebnis in Höhe von 1200 Euro aufaddiert. Rechnen Sie an dieser Stelle ruhig weiter, wie sich ein kleiner Betrag über die Zeit entwickeln kann.

Ich spreche bewusst von »kann«, denn natürlich gibt es auch Verlusttage und Verlustwochen. Das ist vollkommen normal, denn

Verluste gehören im Trading immer mit dazu. Dennoch können wir unsere Betrachtung gelten lassen, denn unsere Modellrechnung soll deutlich machen, dass auch ein kleines Konto stetig aufgebaut werden kann. Ob das nun tatsächlich innerhalb einer Woche oder eines Monats geschieht, ist eigentlich unerheblich. Wichtiger ist vielmehr, dass Sie sich bewusst machen, dass sich auch aus kleinen Beträgen mit der entsprechenden Geduld etwas Großes ergeben kann.

Immer vorausgesetzt, dass Sie über ein Handelssystem verfügen, das Ihnen mit der entsprechenden Umsetzungsdisziplin positive Erträge erwirtschaftet, und Sie Ihre Gewinne nicht abschöpfen. Unter diesen Voraussetzungen ist es praktisch egal, von wo aus Sie starten. Selbst mit einem kleinen Handelskonto lassen sich über den Zeitverlauf hohe Summen erwirtschaften, dem Zinseszinseffekt sei Dank. In diesem Sinne muss die Frage nach der Grundausstattung eigentlich nicht in Richtung des Handelskapitals, sondern nach der zur Verfügung stehenden Zeit bis zur Erreichung des Zieles »Reichtum« gestellt werden. In welchem Zeitraum soll dieses Ziel denn erreicht werden?

Daraus ergibt sich folgende Faustregel:

Wer wenig Kapital hat, braucht viel Zeit – wer wenig Zeit hat, braucht viel Kapital.

Vorsicht vor falschem Ehrgeiz

Um das Ziel zu erreichen, ein großes Handelskonto zu haben, ist aber noch mehr notwendig als ein solides Handelssystem und Zeit. Es kommt zur Zielerreichung vor allem auf Sie als Trader an. Denn gerade der Start ist ein denkbar undankbares Unterfangen. Während Sie in den Communitys immer wieder hohe Gewinne präsentiert bekommen, müssen Sie sich mit den genannten 50 Euro zufriedengeben. An diesem Punkt scheitern viele Trader bereits. Denn wer in diesem Moment der Meinung ist, dass er nicht 50 Euro am Tag, sondern lieber 100 Euro oder mehr aus dem Markt herausholen will, wird zwangsläufig scheitern. Denn mit jedem Trade geht er ein Risiko ein – das Risiko, einen Teil seines Handelskapitals wieder zu verlieren.

Machen wir hierzu ein Gedankenexperiment: Stellen Sie sich vor, Sie haben bereits Ihre 50 Euro Tagesgewinn in der Tasche, wollen aber noch einmal nachlegen – wo Sie gerade so gut dabei sind. Sie eröffnen also eine Position …

… und verlieren Ihre 50 Euro wieder. Im Ergebnis stehen Sie bei null. Was wird als Nächstes passieren? Sie wollen natürlich »Ihre« 50 Euro wieder zurückholen. Da der Tag für Sie eigentlich schon beendet war, Ihren Gewinn hatten Sie ja bereits, muss es schnell gehen. Also nehmen Sie den nächsten Trade – wird schon gut gehen. Tut es aber nicht. Und auf einmal sind Sie nicht mehr mit 50 Euro im Gewinn, sondern Sie sind mit 50 Euro im Verlust. Erfahrene Trader wissen an dieser Stelle bereits, wie es weitergeht. In dem hoffnungslosen Versuch, den Verlust in einen neuen Gewinn zu wandeln, übernehmen Ihre Emotionen und trüben den Blick auf den Markt – was zu weiteren Verlusten führt. Falscher Ehrgeiz kann schnell zum falschen Ergebnis führen. Im schlimmsten Falle verringert sich Ihre Kapitalbasis dergestalt, dass Sie damit auch Ihr Gewinnziel reduzieren müssen, was Sie auch zeitlich in Ihrer Zielerreichung zurückwirft.

Nehmen Sie also stattdessen den kleinen Gewinn mit und ziehen Sie sich aus dem Markt zurück. Ihr Tagewerk ist erfüllt. Sollen doch die anderen ihr Geld hin- und herschieben, für Sie ist Feierabend.

Das hat gleich mehrere positive Effekte: Sie gehen gut gelaunt in den Feierabend und haben gleichzeitig etwas für Ihr Konto getan. Mit gestärktem Selbstvertrauen und Zuversicht gehen Sie am nächsten Tag wieder an die Arbeit – und holen sich Ihren nächsten »kleinen« Gewinn.

Wenn Sie also diszipliniert bleiben und sich auch mit »kleinen« Gewinnen zufriedengeben, wird Ihr Handelskonto schneller anwachsen und Sie Ihren finanziellen Träumen näher bringen, als Sie je zu träumen gewagt haben. Stück für Stück und Schritt für Schritt zu Ihrem Ziel.

#16 ... weil Trader ihre individuelle Freiheit leben

»Das Geheimnis des Glücks ist die Freiheit.
Das Geheimnis der Freiheit aber ist der Mut.«

Thukydides

Was schon im antiken Griechenland eine bedeutende Erkenntnis darstellte, hat sich bis zum heutigen Tage nicht verändert. Die meisten Menschen suchen auch und besonders heute die Freiheit. Trading kann ein probates Mittel sein, um diesem Ziel einen entscheidenden Schritt näher zu kommen. So verspricht Trading eine finanzielle Freiheit, die entweder durch einen konstanten Vermögensaufbau oder durch den täglichen Handel erlangt werden kann. Was im einen Fall neben dem Beruf geschehen kann, erfordert im anderen Fall eine börsentägliche Anwesenheit am Platz. Viele Menschen tauschen in diesem Sinne den einen Job mit dem anderen. Von Freiheit ist zumindest für einen Day-Trader dann kaum noch etwas zu spüren. Denn natürlich sitzt ein Händler, der intraday an seinem Einkommen arbeitet, genauso im Büro wie ein angestellter Mitarbeiter in einem beliebigen Unternehmen. Oberflächlich betrachtet gibt es zwischen beiden offenbar nur wenig Unterschiede.

Freiheit ist die Freiheit der Wahl

Dennoch träumen viele Menschen davon, den Bürojob gegen den Trader-Beruf zu tauschen. Warum ist das so? Machen wir zur Beantwortung dieser Frage eine Bestandsaufnahme. Schauen wir in ein Unternehmen hinein, so stellen wir fest, dass die meisten innerhalb einer Hierarchiestruktur arbeiten. Da gibt es Vorgesetzte und da gibt es Mitarbeiter. Je nach Betrachtungsweise ist man der einen oder der anderen Ebene zuzuordnen. In der Sandwichposition im mittleren Management trifft gleich beides auf einmal zu – mit den entsprechenden Konsequenzen. Denn dann kommen die Anforderungen nicht nur von oben, vom Vorgesetzten, sondern auch von unten, von den Mitarbeitern. Diese Position erfordert einen hohen persönlichen Einsatz, der zulasten der eigenen Freiheit erbracht werden muss.

Persönlich habe ich unzählige Führungskräfte im mittleren Management kennengelernt, die große persönliche Opfer bringen müssen, um diesen Anforderungen von oben und unten zumindest annähernd gerecht zu werden. Sie verzichten beispielsweise schon mal zugunsten des Teams und der eigenen Aufgaben auf Freizeit und Urlaub. Ein Extremfall war eine mir bekannte Führungskraft, die ein Unternehmen trotz besserer Angebote nicht verlassen konnte, weil sie ihr Team in turbulenten Zeiten nicht im Stich lassen wollte.

So ehrenhaft dieses Beispiel scheinen mag, so deutlich macht es auch, dass im Berufsleben die Freiheit eines Einzelnen oftmals zu kurz kommt. Zu groß sind die Verpflichtungen, Anforderungen und gefühlten Sachzwänge, zu niedrig die eigene Entscheidungskompetenz – was zunehmend von vielen als unbefriedigend empfunden wird.

Um zu erkennen, warum viele Menschen diesen Zustand als negativ empfinden, lassen Sie uns anschauen, wo wir mit unseren eigenen Anforderungen und Bedürfnissen eigentlich in unserer heutigen Gesellschaft stehen. Als Modell wollen wir hierfür die Bedürfnispyramide nach Abraham Maslow heranziehen.

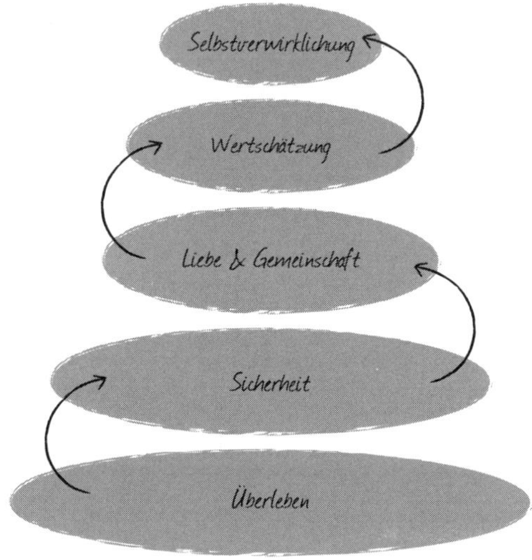

Abbildung 4: Die Bedürfnispyramide nach Abraham Maslow
Quelle: eigene Grafik

Was können wir aus dieser Bedürfnispyramide herauslesen? Mit der hierarchischen Aufstellung und Klassifizierung unserer wichtigsten menschlichen Bedürfnisse machte Abraham Maslow deutlich, dass wir Menschen uns im Verlauf unserer Entwicklung immer weiter von unseren für unser Überleben wichtigen Bedürfnissen wegbewegen und weiter nach Erfüllung von ausgeprägten individuellen und emotionalen Bedürfnissen streben. Wir können damit sagen, dass zunächst unser Instinkt die eigenen Bedürfnisse bestimmt, bevor später der Verstand und das Ego übernehmen.

So finden wir als Grundbedürfnisse am Boden der Pyramide die physiologischen Bedürfnisse eines Menschen. Hierzu zählen beispielsweise Essen, Trinken und Schlafen. Damit sichern wir unser eigenes Überleben. Wir sind auf dieser Stufe eher instinktgesteuert, als dass wir wirklich bewusst agieren. Wer seine Grundbedürfnisse erfüllt sieht, will sie auch weiterhin bewahren. Der Wunsch nach Sicherheit schließt sich in der zweiten Stufe direkt an. Ist Sicherheit gegeben und der Kampf um das eigene Überleben gewonnen, rückt unser soziales Umfeld in den Fokus. Wir gehen Beziehungen ein und bauen Freundschaften mit Gleichgesinnten auf. Als nächste Stufe der Bedürfnisse wollen wir von unserem sozialen Umfeld akzeptiert sein. Der Wunsch nach Lob und Anerkennung spielt auf dieser Stufe eine entscheidende Rolle. Letztlich sind wir dann erfolgreicher Bestandteil der Gesellschaft. Was könnte jetzt näher liegen, da alle anderen Bedürfnisse erfüllt sind, als sich selbst zu verwirklichen und seine Träume zu leben?

Mit der Selbstverwirklichung kommen wir zur Freiheit. Beides ist eng miteinander verknüpft und wird auch so empfunden. Denn wie könnten wir uns selbst verwirklichen, wenn wir nicht die tatsächliche Freiheit dazu hätten? Wie könnten wir unser Bedürfnis nach Selbstverwirklichung ausleben, wenn wir keine echte Wahl zwischen Alternativen hätten und uns stattdessen Zwängen unterordnen müssten?

Um an unser obiges Beispiel anzuknüpfen, können wir daraus schließen, dass viele Menschen mittlerweile den Anspruch und den Wunsch nach mehr Selbstverwirklichung in sich verspüren, diesen aber nicht ausleben können. Das Spannungsfeld zwischen äußeren Sachzwängen und dem inneren Wunsch nach Selbstverwirklichung wird daher für immer mehr Menschen zur Belastung, was sich in zunehmenden Fällen von Depressionen und Burnout widerspiegelt.

TRADING IST FREIHEIT

Als Trader stehen wir auf der obersten Stufe der Bedürfnispyramide. Denn als Trader können wir uns selbst in allen Facetten verwirklichen und den realen oder gefühlten Sachzwängen weitestgehend entgehen. Trading gibt uns die Freiheit und die Mittel, so zu arbeiten, wie wir wollen. Wir haben die Freiheit, dann zu arbeiten, wann wir wollen. Wir können arbeiten, wo wir wollen, und wir können arbeiten, wie wir wollen.

Das Einzige, was wir machen müssen, ist, den Mut aufzubringen, es auch wirklich zu tun – und mit den Sachzwängen zu brechen!

#17 … weil Trader arbeiten können, wo sie wollen

»Bäume haben Wurzeln, ich habe Beine.«

George Steiner

Einer der großen Vorteile eines Traders ist die räumliche Unabhängigkeit. Tatsächlich können wir überall unserer Arbeit nachgehen, wo wir wollen – solange wir über eine stabile Internetverbindung verfügen. Auch wenn diese Einschränkung offensichtlich ist, ist sie doch fast schon vernachlässigbar. Denn mittlerweile findet sich auch in den unzugänglichsten Regionen der Welt ein Fleckchen mit einem Internetzugang. Auch ein schneller Blick in einem Café oder einer Hotel-Lobby in die gehandelten Märkte kann unter Umständen genügen, um Entscheidungen zu treffen und die eigenen Positionen zu pflegen.

Wer träumt nicht davon, nicht nur die üblichen 30 Tage im Jahr von zu Hause weg zu können, sondern ganz nach Lust und Laune die Welt zu bereisen, und das alles ohne die geringste Notwendigkeit, zurückkehren zu müssen. Zurück an den Arbeitsplatz und zurück in den Alltag. Also, wie wäre es für Sie, wenn Sie dort arbeiten könnten, wo immer Sie gerade wollen?

In 80 Ländern durch die Welt

Der amerikanische Trader Marcello Arrambide lebt diesen Traum. Seit 2009 bereist er als »Wandering Trader«[12] die Welt und lebt vom Trading. Marcello Arrambide erzählt, dass er in dieser Zeit alle sieben Kontinente und gut 80 Länder bereist hat. Verlockend, finden Sie nicht? Und das Wichtigste dabei ist: Wo auch immer Marcello Arrambide sein Zelt aufgeschlagen hat, er brauchte sich nirgendwo zu bewerben, um im Ausland arbeiten zu können. Nein. Er hat in den 80 Ländern vom Day-Trading gelebt. Keine administrativen Beschränkungen, keine Sprachbarrieren, keine unterbezahlten Jobs im Vergleich zur Heimat. Denn eines müssen wir uns bei aller Schwärmerei für das Leben im Ausland immer wieder vor Augen führen: Ohne Arbeitserlaubnis läuft im Regelfall nichts. Als Trader haben Sie all diese Probleme nicht. Sie klappen Ihren Laptop auf, loggen sich ins Internet ein – und schon kann es losgehen.

Leben im Ausland – aber wie?

In diesem Sinne können wir das Thema ein wenig vertiefen. Stellen Sie sich vor, Sie wollten auswandern. Je nachdem, welchen Beruf Sie ergriffen haben, haben Sie dabei bessere oder schlechtere Karten. Wer beispielsweise Wissenschaftler und Arzt oder aber Koch oder Handwerker ist, hat für einen Neuanfang im Ausland verhältnismäßig gute Karten. Wer jedoch seine Qualifikation in einem nicht so gefragten Bereich besitzt, hat unter Umständen Schwierigkeiten, im Ausland beruflich Fuß zu fassen. So ist es dann auch kein Wunder, wenn es immer wieder der berüchtigte Wurstwagen ist, mit dem im Ausland das berufliche Glück gesucht wird. Über den weiteren Verlauf solcher Experimente brauchen wir nicht zu spekulieren. Im Regelfall scheitern diese Projekte binnen Jahresfrist. Wenn es Sie aber dennoch ins Ausland zieht und Ihr Qualifikationsprofil weniger gefragt ist, was wollen Sie dann tun? Realistischerweise?

Wer mit dem Gedanken spielt auszuwandern, hat mit dem Trading ein zusätzliches Ass im Ärmel. Denn selbst wenn Sie keine Vollzeit-Karriere als Trader im Ausland anstreben, können Sie mit Trading die Anfangszeit überbrücken. Sie können sich in Ruhe vor Ort umschauen, weil der finanzielle Druck für Sie weniger groß ist, als wenn Sie direkt Ihre Ersparnisse aufbrauchen müssten. Sie können es sich vielleicht sogar erlauben, eine Beschäftigung aufzunehmen, die Ihnen besonders gefällt, jedoch mit Lohneinbußen verbunden ist. Sie können unter Umständen sogar eine Teilzeitstelle antreten, wenn Ihnen danach ist.

Natürlich gilt das Gesagte auch für eine beliebige Arbeitsplatzsuche im Inland. Wenn es um das Thema räumliche Unabhängigkeit geht, warum dann in den eigenen Grenzen denken?

Lassen Sie uns an dieser Stelle noch einmal auf das Thema Ausstattung zurückkommen. An diesem Punkt wird deutlich, dass weniger tatsächlich mehr ist. Wenn Sie sich angewöhnen, Ihr Trading mit nur einem Bildschirm durchzuführen, steht Ihnen tatsächlich die Welt offen. Sie können dann arbeiten, wo Sie wollen. Sie brauchen nur Ihren Laptop, Strom und das Internet. Sie benötigen noch nicht einmal ein richtiges Büro. Für Marcello Arrambide reicht ein einfacher Bistrostuhl und ein freier Tisch in einem Café. Warum sollte das für Sie anders sein?

#18 ... WEIL TRADER ARBEITEN KÖNNEN, WANN SIE WOLLEN

»Frühaufsteher sind schon abends Spielverderber.«

Sind Sie eine Eule? Oder vielleicht doch eine Lerche? Wann stehen Sie auf, wann sind Sie am produktivsten? Zu welcher Uhrzeit sind Sie kaum noch ansprechbar und aufnahmefähig?

Die wenigsten Menschen machen sich Gedanken über ihren biologischen Rhythmus und die damit verbundene Frage, wann sie am besten arbeiten können. Wobei es auch kein Wunder ist, dass diese Frage regelmäßig unbeantwortet bleibt. In der Schule beginnt die erste Stunde für alle um dieselbe Zeit, ob das Kind oder der Lehrer nun Frühaufsteher ist oder morgens etwas länger braucht, um einsatzfähig zu sein. Unterrichtsbeginn ist um Punkt acht Uhr! In der Ausbildung, dem Studium und am Arbeitsplatz – in vielen Berufen und Branchen geht es bereits deutlich früher los. Bei einem Bäcker beispielsweise ist der Job morgens um acht fast schon erledigt.

Wenn Sie sich jetzt die Frage stellen, wie ein Mensch ernsthaft zu so früher Zeit bereits sein Tagewerk verrichtet haben kann, während Sie ohne den ersten Kaffee erst gegen Mittag in die Gänge kommen, kommen wir auch dem biologischen Rhythmus auf die Spur.

Abendmensch oder Frühaufsteher?

Der biologische Rhythmus liefert für diese Frage die passende Antwort. Über dieses Erklärungsmodell, das auch als Chronobiologie bezeichnet wird, lassen wir uns, grob gesagt, in die Kategorien Nachteulen und Lerchen einteilen.

Während die Lerchen schon früh am Morgen zu Höchstleistungen fähig sind, benötigen die Nachteulen als Langschläfer deutlich länger bis zum Leistungshoch. Und diese Unterscheidung hat Konsequenzen. Während die Langschläfer erst gegen elf Uhr ihr Leistungshoch erreichen und in dieser Zeit erst konzentriert arbeiten können, sind die Lerchen bereits gegen acht Uhr mit Eifer bei der Sache. Dafür können die Langschläfer auch bis in den späten Abend hinein arbeiten, zu einer Zeit, in der die Frühaufsteher bereits einen erheblichen Konzentrationsmangel zu beklagen haben.

An dieser Stelle können Sie ruhig einmal innehalten und sich selbst fragen: Bin ich Frühaufsteher oder Langschläfer? Bin ich eine Eule oder eine Lerche?

Wenn wir dieses Modell nun mit unserer modernen Arbeitswelt verbinden, wird schnell deutlich, dass die Arbeitszeiten eher an den Lerchen ausgerichtet sind. Gut für die Frühaufsteher, schlecht für alle anderen. Denn wer sich gegen seinen eigenen inneren Rhythmus stemmen muss, um Leistung zu erbringen, muss naturgemäß auch mehr Energie dafür aufbringen. Energie, die aber für die Arbeit dringend benötigt wird. Bei diesem Raubbau an den eigenen Kräften ist es wiederum kein Wunder, dass der eine oder andere am Abend wie erschlagen in die Federn fällt – um am nächsten Tag wieder von vorn zu beginnen.

Dem eigenen Rhythmus folgen

Im Arbeitsleben werden die meisten kaum umhinkommen, sich den vorgegebenen Zeiten anzupassen. Wenn sich die gesamte (Geschäfts-)Welt auf einen Tagesbeginn und ein Tagesende verständigt hat, macht es einfach keinen Sinn, gegen den Strom zu schwimmen. Wenn ich meine Ansprechpartner nur morgens erreiche, kann ich nicht erst am Mittag beginnen. Wieder ein Sachzwang, in dem die meisten von uns stecken. Wieder einmal müssen wir uns unter- und einordnen und wieder einmal müssen wir uns und unsere Bedürfnisse zurücknehmen.

Glücklicherweise gibt es aber auch ein paar Möglichkeiten, unsere Aufgaben unserem Rhythmus anzupassen. Sie könnten Ihren Arbeitsablauf vielleicht anders organisieren, um die Zeiten Ihrem Rhythmus anzupassen. Der Langschläfer kann beispielsweise mit seinen Kollegen in Übersee besser in Kontakt treten als derjenige, der bereits um sechs Uhr startklar ist. Der ist nämlich gegen 22 Uhr schon bettfertig. Wenn Sie diese Möglichkeiten haben – gut. Wenn nicht, welche Alternative gibt es dann?

Natürlich, Trading. Im Trading können Sie den eigenen biologischen Rhythmus leben. Sie können es sich exakt so einrichten, dass Sie immer in Ihren kreativen und lösungsorientierten Phasen am Markt sind. In den Phasen, in denen Sie nicht so einsatzbereit sind, können Sie einfach dem Markt fernbleiben und sich mit anderen Tätigkeiten beschäftigen.

Der Tradertag hat drei Hälften – mindestens

Um das Trading auf Ihren eigenen biologischen Rhythmus einzustellen, müssen Sie zunächst einmal festlegen, ob Sie intraday oder über mehrere Tage oder gar Wochen hinweg handeln wollen. Wenn Sie nicht intraday handeln wollen, ist das Thema mit der inneren Uhr insoweit relevant, als dass Sie als Lerche Ihre Marktanalyse lieber morgens machen sollten und nicht direkt am Abend, wenn die Wall Street schließt – zu groß ist die Gefahr, dass Sie am Abend bereits unkonzentriert sind. Positionen eröffnen und Limits sowie Stopps setzen können Sie dann so gestalten, dass alles auch ohne Ihr Zutun automatisch geschieht.

Wer aber intraday handelt, sollte sich schon tiefere Gedanken über seinen biologischen Rhythmus machen. Denn es macht einfach keinen Sinn, wenn Sie sich morgens in den DAX® quälen, aber kaum in der Lage sind, schnelle Entscheidungen zu treffen. Dann empfiehlt es sich eher, die US-amerikanischen Märkte tiefer ins Auge zu fassen. Mit einer Marktöffnung um 15:30 Uhr bleibt der Eule einfach genügend Zeit, um am Vormittag in Ruhe der Analysetätigkeit nachzugehen, die Phase des Konzentrationsmangels in der Mittagszeit in der Pause zu verbringen und dann von Markteröffnung bis Handelsschluss an der Wall Street konzentriert zu handeln. Wer sich gänzlich als Nachteule versteht, kann sogar nach Handelsschluss der amerikanischen Märkte auf die asiatischen Märkte umschwenken und dort beispielsweise Devisen oder die entsprechenden Indizes bis in den frühen Morgen handeln.

Für eine Lerche sieht der Handelstag hingegen anders aus. Als Frühaufsteher sind Sie bereits mit der Vorbörse im DAX® dabei und haben zu dem Zeitpunkt Ihre Analysen erstellt und die wichtigsten Nachrichten abgearbeitet. Wenn um acht Uhr die ersten vorbörslichen Notierungen erscheinen, sind Sie bereits hoch konzentriert. Nach dem obligatorischen Mittagstief, das Sie mit Ihrem Kollegen, der Eule, verbindet, bleiben Sie den Rest des europäischen Handelstages konzentriert bei der Sache. Doch während in den USA die Märkte weiter gehandelt werden, sind Sie bereits im Feierabendmodus. Sicher verdient. Vielleicht sind Sie aber auch ein so früher Frühaufsteher, dass Sie bereits weit vor acht Uhr am Morgen loslegen wollen. Auch hier kommen für Sie die asiatischen Märkte in Betracht. Sie könnten praktisch die zweite Tageshälfte auf der anderen Erdhalbkugel handeln.

Ob Sie nun Frühaufsteher oder Langschläfer sind: Sie müssen sich nicht quälen, um Ihren biologischen Rhythmus und Ihre innere Uhr dem Tag anzupassen. Als Trader können Sie den Tag an Ihren persönlichen Rhythmus anpassen. Ein unschlagbarer Vorteil, der nur in wenigen Berufen umsetzbar ist!

#19 … weil Trader arbeiten können, wie sie wollen

»Wenn du es kannst, so lasse ab vom Kleinen und suche das Große!«

Gottfried Keller

Die meisten Menschen arbeiten in einem mehr oder weniger vorgegebenen Rahmen. Die Arbeitszeiten stehen fest, der Ort des Geschehens ist definiert. Wenn es um die Arbeitsweise geht, so sind die Regeln ebenfalls oft eng definiert. So steht beispielsweise einem Buchhalter nur eine begrenzte Bandbreite an Möglichkeiten zur Verfügung, um seine Arbeit ordnungsgemäß zu erledigen.

Die meisten Berufe bringen ein vollständiges Arsenal an Mitteln und Möglichkeiten mit sich. Für jede Situation gibt es entsprechend vorgefertigte Lösungen, die üblicherweise genutzt werden. »Das macht man so«, heißt es dann schnell in diesem Zusammenhang. Und so fügen wir uns ein in die Arbeitswelt und schließen uns dem Trott der Standardisierung an. Sicher – der eine oder andere versucht sich vielleicht als Innovator und geht einen anderen Weg zum Ziel. Aber in der Summe bleibt alles beim Alten.

Same same – but different

Als Trader haben wir da deutlich größere Spielräume – in mehreren Dimensionen. Ziel ist nicht, möglichst alles so zu machen, wie man es schon immer gemacht hat. Ganz im Gegenteil. Erfolgreich ist im Trading nur derjenige, der es wagt, seinen eigenen Weg zu gehen. Nur wer im Trading seinen eigenen Weg geht, hebt sich von der Mehrheit ab. Das ist wichtig, denn die Mehrheit hat immer unrecht. Aus diesem Grund ist es notwendig, eigene Ideen und Ansätze zu entwickeln. Schließlich wollen wir der Mehrheit immer einen Schritt voraus sein.

Natürlich können wir im Trading auch Ideen und Ansätze anderer erfolgreicher Trader übernehmen. Selbstverständlich wird sich auch für uns bewähren, was sich für andere bereits bewährt hat. Dennoch wird es unweigerlich geschehen, dass wir jeder bewährten Idee und jedem empfohlenen Vorgehen unseren eigenen individuellen Stempel aufdrücken. Ob wir nun den Stop-Loss oder das Ziel anders definieren, das Management einer eingegangenen Position variieren oder die Positionsgröße verändern. Kaum ein Trader wird es schaffen, eine fertige Strategie ohne Wenn und Aber unverändert zu übernehmen und exakt so umzusetzen, wie vom Entwickler vorgesehen.

Dass das tatsächlich so ist, wurde und wird immer wieder unter Beweis gestellt. So führt Dr. K. van Tharp in seinen Seminaren regelmäßig eine Übung durch, in der die Teilnehmer ein Trading-System simulieren. Die Parameter sind für alle gleich: Es wird eine Trefferquote von 60 Prozent angenommen und 55 Prozent der Gewinne erwirtschaften dabei das Einfache des eingegangenen Risikos und weitere fünf Prozent erreichen einen Gewinn in Höhe des Zehnfachen des eingegangenen Risikos. Von den insgesamt 40 Prozent Verlierern bringen 35 Prozent einen Verlust in Höhe des einfachen und fünf Prozent einen Verlust in Höhe des fünffachen eingegangenen Risikobetrags. Diese Ausgangsituation ist, wie gesagt, für alle gleich.

Um das Trading entsprechend zu simulieren, wird eine Anzahl an verschiedenfarbigen Kugeln genommen, deren Anteil der oben genannten Gewinn- und Verlustverteilung entspricht, und in einen Beutel gelegt. Es wird eine Kugel gezogen und die Teilnehmer addieren bzw. subtrahieren ihren Gewinn entsprechend von einem vorgegebenen Ausgangsbetrag. Anschließend wird die Murmel wieder in den Beutel zurückgelegt. Ziel dieser Simulation ist – wie sollte es anders sein –, am Ende des Spiels ein möglichst großes Konto vorweisen zu können. Nach 50 Durchgängen ist Schluss und der Gewinner wird gekürt.

Vielleicht fragen Sie sich, warum es nur einen Gewinner geben kann, wenn doch alle die gleiche Ausgangslage haben und mit den gleichen Ergebnissen konfrontiert werden. Diese Frage ist berechtigt. Tatsächlich gibt es in diesem Spiel regelmäßig einen Gewinner und viele Verlierer.

Am Ende gibt es immer Teilnehmer, die ihren Ausgangsbetrag vervielfacht haben, genauso wie es immer Teilnehmer gibt, die bereits nach wenigen Durchgängen pleite sind. Da die Vorgaben für alle gleich waren, ergibt sich als Schlussfolgerung, dass die Teilnehmer selbst die unterschiedlichen Ergebnisse herbeigeführt haben. Die Erklärung liegt im Management des jeweiligen einzugehenden Risikos.

Es gab Teilnehmer, die sind in die Vollen gegangen – und hatten eben Pech. Und es gab Teilnehmer, die sind etwas risikobewusster an die Sache herangegangen. Beides werden wir immer in einer Gruppe von Tradern finden. Das Ergebnis: Riskiere ich alles, kann ich auch alles verlieren oder gewinnen. Riskiere ich hingegen nur einen kleinen Teil, werde ich mich zwar nur in kleinen Schritten zum Ziel bewegen, dafür wirft mich ein Rückschlag nicht aus dem Rennen.

Wir können an dieser Stelle festhalten, dass Trading eine hochgradig individuelle Angelegenheit ist. Wenn die Teilnehmer in der beschriebenen Übung bereits zu unterschiedlichen Ergebnissen kommen, wenn sie nur mit einem veränderten Risiko in den Markt gehen, dann können Sie sich leicht vorstellen, was passiert, wenn sämtliche Parameter veränderbar sind: Einstieg, Ausstieg, Positionsgröße und Risiko sowie Management der offenen Position.

Da wir Menschen nun einmal Individuen sind, ist es unvermeidbar, vordefinierte Strategien und Vorgehensweisen auf die eigene Persönlichkeit abzustimmen. Schließlich hat jeder auch eigene Vorlieben. Wo der eine vielleicht mehr Risiko in Kauf nimmt, ist der andere möglicherweise eher risikoavers. Ob das nun bedeutet, dass ein Trader eine größere Position und damit ein größeres Risiko handelt, oder ob ein Trader auch nicht ganz so perfekte Signale handelt, sei dahingestellt. Wer eine höhere Risikotoleranz hat, der wird anders im Markt agieren als ein Trader mit einer geringeren Risikotoleranz.

Trading als Individualsport

So betrachtet ist es für uns nur von Vorteil, dass wir unser Trading individuell auf unsere eigenen Vorlieben und Schwachpunkte einstellen können. Denn dann sind wir im Einklang mit uns selbst, wenn wir im Markt handeln. Und dabei können wir tatsächlich genauso traden, wie wir wollen. Ob wir nun Gewinne laufen lassen oder begrenzen; ob wir hohe oder niedrige Positionsgrößen nehmen; ob wir enge oder weite Stopps setzen und ob wir den Trade einfach laufen lassen oder die Position managen – es ist immer eine individuelle Entscheidung, die in exakt dieser Kombination nur von uns getroffen werden kann. In der Konsequenz müssen wir aber auch mit den daraus entstehenden Ergebnissen leben.

#20 … weil Trader ihr Ergebnis selbst bestimmen

»Anstrengung ist ein Teil des Ganzen, Nicht-Anstrengung ein anderer Teil. Heben Sie diese Zweiteilung auf, und das Ergebnis ist müheloses Handeln, ohne am Ergebnis zu hängen.«

Wayne Dyer

Der durchschnittliche Brutto-Jahresarbeitslohn je Arbeitnehmer beträgt in Deutschland etwas mehr als 32.000 Euro. Dafür müssen die Arbeitnehmer durchschnittlich 220 Tage im Jahr arbeiten.

Natürlich sprechen wir hier über einen Durchschnittswert. Das impliziert, dass es Menschen gibt, die teilweise deutlich darüber, teilweise aber auch deutlich darunter liegen. Ein Durchschnitt eben. Der Punkt ist, dass wir im Arbeitsleben mit unserem Festgehalt einen Deckel haben, der sich nur schwerlich und mühsam von Zeit zu Zeit nach oben schieben lässt. Das Ergebnis unserer Arbeit, unser Arbeitslohn, steht unverrückbar fest.

Wer mehr will, muss auch mehr leisten. Es gibt mehrere Möglichkeiten.

Lohnsteigerung und was sie kostet

Wer nach Stunden bezahlt wird, kann Mehrarbeit in Form von Überstunden leisten. Das kann beispielsweise auch über zusätzliche Wochenendarbeit geschehen. In diesem Fall wird die eigene Zeit direkt messbar gegen Geld eingetauscht.

Wer im Vertrieb oder Verkauf tätig ist und sich über einen variablen Provisionsanteil freuen darf, kann sein Einkommen über eine Umsatzerhöhung verbessern. Das setzt allerdings voraus, dass es hierfür auch ein entsprechendes Potenzial gibt. Naturgemäß sind Kunden und deren Abnahmemöglichkeiten in der Praxis begrenzt. Aber mit Fleiß und Geschick lässt sich sicher immer etwas machen. Oder aber die gewünschte Lohnsteigerung wird über Zusatzqualifikationen erreicht. Das geht über einzelne Kurse bis hin zu umfangreichen Aufbaustudiengängen. Das ist immer verbunden mit einem oftmals erheblichen Kostenaufwand, den der karrierebegeisterte Arbeitnehmer im Regelfall selbst zu schultern hat. Ist die Zusatzqualifikation endlich erworben, kann der nächste Karriereschritt in Angriff genommen – und damit der eigene Arbeitslohn gesteigert werden.

Das Gelingen dieses Vorhabens setzt allerdings gleich mehrere Punkte voraus. Zum einen muss die entsprechende Zeit zur Verfügung gestellt werden, in der die Weiterqualifizierung geschehen soll. Nur wenige Unternehmen stellen ihren Mitarbeitern für Weiterbildung die entsprechenden Ressourcen zur Verfügung. Die Schulungsmaßnahmen, die Unternehmen ihren Mitarbeitern im Rahmen einer Unternehmensakademie anbieten, dienen oftmals eher der Befähigung, den bereits bestehenden Anforderungen gerecht zu werden. Dementsprechend muss der Arbeitnehmer selbst die erforderliche Zeit bereitstellen – seine Freizeit.

Darüber hinaus muss die finanzielle Seite geklärt sein. Weiterbildung kostet. Da kommen leicht einige Tausend Euro zusammen für Gebühren, Anreise, Unterkunft und Verpflegung. An dieser Stelle muss immer zwischen Kosten und Nutzen abgewogen werden: Was bringt mir die Investition in mich selbst kurz-, mittel- und langfristig?

Was uns zur dritten Voraussetzung bringt. Natürlich muss es nach einer Weiterqualifizierung eine entsprechende Position geben, auf der das neu erworbene Wissen gewinnbringend eingesetzt werden kann. Gerade dieser Punkt stellt viele ambitionierte Arbeitnehmer vor eine hohe Hürde.

Insgesamt betrachtet erfordert eine Steigerung des eigenen Arbeitslohnes also erhebliche Anstrengungen seitens des Arbeitnehmers und umfangreiche Investitionen. Dass diese als Vorleistung in Erwartung einer Gehaltssteigerung erbracht werden müssen, ist dabei selbstverständlich. Nur wenn im Anschluss auch entsprechend dotierte Positionen zur Verfügung stehen, können sich die zeitlichen und finanziellen Investitionen im Zeitverlauf tatsächlich amortisieren.

The Sky is the Limit

Wie sieht es an dieser Stelle für uns Trader aus? Weiterbildungsmöglichkeiten gibt es auch in diesem Bereich zur Genüge. Bücher, Webinare, Seminare und komplette Ausbildungen kommen in schöner Regelmäßigkeit auf den Markt. Einige versprechen konkrete Ergebnisse, einige geben hilfreiche Tipps zur eigenverantwortlichen Weiterverwendung im Markt. Egal wofür Sie sich entscheiden, Sie müssen ebenfalls in Vorleistung gehen. Zeitlich und finanziell. Im Unterschied zu einem Arbeitnehmer aber müssen Trader nicht darauf warten, dass endlich eine entsprechende Stelle zur Verfügung steht, auf der das neu erworbene Wissen erfolgreich eingebracht werden kann. Nein, wir Trader können das neue Wissen sofort anwenden.

Selbst wenn Sie nur einen neuen Trick, nur eine neue Strategie oder einen neuen Management-Hinweis zur Pflege Ihrer Positionen erfolgreich in Ihrem eigenen Trading umsetzen, können Sie Ihr Ergebnis bereits bedeutend verbessern. Sofort und unmittelbar. Und das ist das wirklich Interessante daran: Wer mit seinen bereits vorhandenen Strategien erfolgreich ist, kann sich über die eigene Weiterbildung immer wieder mit neuen Strategien ausrüsten, um einen weiteren Markt, eine weitere Zeitebene oder eine weitere Bewegung zu handeln. Die damit erzielten Ergebnisse vermehren in schöner Regelmäßigkeit die bestehenden.

Zudem kommt in diesem Zusammenhang noch ein weiterer Gedanke auf. Wir Trader können ohne große Anstrengung einfach unsere Positionsgröße verändern. Wenn sonst alles gleich ist, lässt sich mit einer minimal höheren Position das Gesamtergebnis im Zeitverlauf bereits wesentlich verbessern. Dass dies immer im Einklang mit unserem Risiko-Management stehen muss, versteht sich dabei von selbst.

#21 ... weil Trading Selbsterkenntnis ist

»Mirror is my best friend, because when I cry it never laughs.«

Charlie Chaplin

Kaum eine Frage quält und beschäftigt die Menschen unserer westlichen Gesellschaft mehr als die Frage nach dem eigenen Selbst. Bei der Beantwortung dieser Frage helfen zahlreiche Lehrer, Coaches, Gurus und Institutionen in mannigfaltigen Büchern oder Kursen. Von esoterischer Selbsterfahrung über psychologische Modelle ist der Werkzeugkasten zur Selbsterkenntnis prall gefüllt. Dabei springen Suchende nicht selten vom einen zum anderem in der Hoffnung, endlich den Schleier der Unwissenheit von sich zu reißen und ihr wahres Ich zu finden.

Dabei geht es auch leichter und vor allem schneller – dafür aber auch schonungsloser.

Der Markt ist ein Spiegel

Ein geflügeltes Wort unter Tradern lautet, dass im Markt jeder das bekommt, was er verlangt. Alles klar, werden Sie jetzt vielleicht denken, aber so einfach ist das nicht. Denn die meisten werden an dieser Stelle meinen, dass sie, wenn sie nach hohen Gewinnen und mehr Geld verlangen, es auch entsprechend erhalten. Weit gefehlt. Leider, wie ich ergänzen möchte. Denn natürlich ist der Anspruch, Geld zu verdienen, untrennbar mit dem Trading verbunden. Wer aber meint, er könne das erlangen, indem er es einfach so einfordert, ist auf dem Holzweg. Denn je mehr wir vom Markt verlangen, desto weniger werden wir erhalten und umso eher werden wir das exakte Gegenteil bekommen. Wer also viel verlangt, wird viel geben. Wer schnelle Gewinne machen will, wird schnelle Verluste erfahren, und wer mehr will, wird weniger bekommen. Fast könnte man meinen, im Trading kehrt sich alles in das genaue Gegenteil, doch auch das ist so nicht richtig.

Jeder bekommt, was er verlangt

Der Grund für die Spiegelfunktion des Marktes liegt in uns Menschen selbst verborgen. Genauer gesagt in unserer Psyche, in unserem Gehirn und auch unserem Unterbewusstsein. Genau da liegt des Pudels Kern. Denn im Trading kommt nicht das zum Vorschein, was wir ohnehin schon wissen, nämlich dass wir alle kühl distanzierte Strategen sind, sondern es wird genau das Gegenteil davon an die Oberfläche gespült.

Wer sich in seinem Bewusstsein für kühl, berechnend und überlegen hält, wird oftmals erleben, dass er im Trading genau das nicht ist. Da werden aus kühnen Unternehmern ängstliche Mitläufer. Da werden kühl vorausplanende Denker zu sprunghaft emotional handelnden Zweiflern. Da wird aus einem bescheidenen Arbeiter ein gieriger Trader. Warum ist das so?

Im Endeffekt geht es im Trading um den Umgang mit den eigenen Emotionen. Diese kommen besonders dann zum Tragen, wenn es ums Geld geht. Zahlreiche Studien belegen, dass es uns Menschen kaum möglich ist, in Anbetracht eines finanziellen Gewinns oder Verlustes rational zu bleiben. Das liegt zum einen daran, dass Geld für uns eben mehr bedeutet als eine abstrakte Zahl auf dem Bildschirm oder das Stück bedruckte Papier in der Tasche. Geld hat immer auch einen Hintergrundwert für uns. Einen tatsächlichen Nutzen. Geld können wir nicht essen, aber wir bekommen dafür etwas, das wir essen können. Zum anderen werden finanzielle Verluste in denselben Hirnregionen verarbeitet, die auch auf lebensbedrohliche Situationen reagieren. Und wie es nun so ist, versuchen die meisten Menschen, genau diese Situationen zu vermeiden. Wer sich dementsprechend mit einem finanziellen Verlust konfrontiert sieht, wird dieselben Emotionen erleben wie in einem Moment der absoluten Gefahr für Leib und Leben. Und natürlich wird er versuchen, dieses Gefühl zu vermeiden. Durch Wegsehen und Hoffnung.

Wenn also Geld für uns einen tatsächlichen Wert hat und wir Verluste gleichzeitig wie eine Lebensbedrohung empfinden, dann scheint klar, warum wir uns im Trading emotional, spontan und irrational verhalten. So werden Verluste laufen gelassen in der Hoffnung, dass man dieses eine Mal noch mit dem Leben davonkommt. Anstatt einen planmäßigen Verlust bewusst zu realisieren, sabotieren wir uns also unbewusst. Statt der erhofften Gewinne erhalten wir auf diese Weise die unerwünschten und gleichzeitig unverhältnismäßig hohen Verluste.

Selbsterfahrungskurs Trading

Wer also meint, er wüsste bereits alles über sich, wird im Trading eines Besseren belehrt. Denn die blinden Flecken, die wir mit uns herumtragen, werden im Trading schonungslos offengelegt. Und wie in jeder guten Selbsterfahrung werden wir mit unseren verdeckten und unerkannten Schwächen so oft vom Markt konfrontiert, bis wir dafür konkrete Lösungen gefunden haben – und endlich das erhalten, was wir verlangen.

#22 … weil Trader mit Angst umgehen können

»You must put your head into the lions mouth if the performance is to be a success.«

Winston Churchill

Der gefährlichste Moment im Trading ist der nach Eröffnung einer Position. Denn obwohl eine professionelle Planung eines Trades im Vorfeld alle möglichen Szenarien umfasst, besteht letztlich immer eine gewisse Unsicherheit über den weiteren Verlauf – die uns wiederum immer wieder auf die Probe stellt. Wir können uns diese Situation ähnlich wie bei einem Bootsbauer vorstellen, der sein Boot gewissenhaft plant und baut, dabei die besten Materialien verwendet und deshalb davon ausgeht, dass sein Boot auch schwimmen wird. Doch tut es das auch tatsächlich?

Nicht umsonst ist der Stapellauf ein sehr spannender Moment, markiert er doch den Übergang von der Theorie zur Praxis. Entweder das Boot schwimmt oder es geht unter. Dazwischen gibt es nichts. Um dieses Bild noch etwas weiterzuverfolgen, können wir uns vorstellen, wie ein solcher Stapellauf vor sich geht. Da wird das Boot zu Wasser gelassen, taucht kurz ein, stabilisiert sich, kippt mal nach links, schlägt dann nach rechts um, wackelt unsicher im Wasser und – schwimmt. Was für ein Erfolg!

Erst jetzt kann sich der Bootsbauer zurücklehnen und den Dingen ihren Lauf lassen. Alles, was im Anschluss passiert, steht nun nicht mehr im unmittelbaren Zusammenhang mit dem Bootsbau, sondern resultiert aus einem Zusammenspiel mehrerer Faktoren, die auf das Boot einwirken.

Der Stapellauf des Traders

Für uns Trader sieht es ganz ähnlich aus. Wir planen unseren Trade mit allen möglichen Szenarien. Wie gehen wir vor, wenn der Trade in den Verlust läuft? Wie wird unser Risiko begrenzt? Wie gehen wir mit den Gewinnen um? Für jedes Szenario haben wir eine Antwort. Und doch ist der Plan nur Theorie. Worauf es ankommt, ist die Umsetzung in der Praxis.

Und schon ist die Position eröffnet, wir haben uns in den Markt eingekauft. Der Stapellauf ist erfolgt, das Boot gleitet ins Wasser. Wie geht es jetzt weiter?

So wie das Boot hin und her geworfen wird, so geht es auch unserer Position. Auch der Trader muss erleben, dass seine Position von Anfang an Schwankungen unterworfen ist. So kann bis zum Schluss einer Handelssitzung der Kurs unzählige Male hoch- und runterlaufen und im Buch Gewinne und Verluste generieren. Wie der Schiffsbauer erleben wir in diesen Momenten der Unsicherheit die volle Bandbreite unserer Emotionen. Geht der Kurs in die favorisierte Richtung, sind wir die Größten, nur um im nächsten Moment zitternd vor Angst in den Überlebensmodus zu schalten, wenn sich der Kurs entgegen unseren Erwartungen bewegt. Im Überlebensmodus sind wir nicht mehr in der Lage, rational zu denken und entsprechende Entscheidungen zu treffen. So laufen wir Gefahr, in unseren laufenden und sorgfältig geplanten Trade einzugreifen. Einfach weil der Überlebensmodus uns Flucht oder Kampf empfiehlt. Wobei Flucht noch immer die bessere Option von beiden ist.

Der professionelle Umgang mit den eigenen Emotionen ist das Wichtigste, was wir im Trading lernen müssen. Insbesondere die Angst sorgt im Trading immer wieder für unerwünschte Ergebnisse und Sabotage der eigenen Planung. Es ist die Angst davor, tatsächlich Geld zu verlieren. Die Angst, falsch analysiert zu haben und das Gesicht zu verlieren. Damit verbunden ist auch die Angst, tatsächlich ein Verlierer zu sein.

Und doch müssen wir uns unserer Angst stellen – Trade für Trade. So wie der Bootsbauer erst nach dem Stapellauf weiß, ob sein Boot schwimmt, so wissen wir erst nach der Positionseröffnung, ob unsere Trading-Idee aufgeht. So wie das Boot in den ersten Wellen schwankt, so schwankt auch unsere Position. So müssen wir einfach abwarten, was sich aus dem Trade ergibt. Entweder wir gewinnen oder wir verlieren. Entweder das Boot schwimmt oder es geht unter.

Der Trading-Plan ist die Lösung

Die Frage ist nun, wie Trader ihre Angst besiegen können. Die Antwort ist einfach: gar nicht. Die Angst gehört zu uns Menschen, ebenso wie die Freude zu uns gehört. Angst ist ja auch wichtig, warnt sie uns doch vor lebensbedrohlichen Situationen und hilft uns, diesen Gefahren zu entfliehen. Daher muss die Frage für uns lauten: Wie gehen wir mit unserer Angst im Trading um?

Wir benötigen einen professionellen Trading-Plan, der alle Schritte umfasst, die wir unternehmen, wenn wir einen Trade planen, durchführen und beenden. Dieser Plan muss festlegen, was zu tun ist, wenn der Markt gegen uns läuft. Außerdem gilt es zu definieren, wie groß das verbundene finanzielle Risiko sein darf und wie unsere Ausstiegskriterien in einem Verlustfall sind. Mit einem Trading-Plan und konkreten Handlungsanweisungen für den Fall der Fälle können wir der Angst ein Schnippchen schlagen und lernen, mit ihr umzugehen. Denn wenn wir es genau nehmen, ist die Angst unser Verbündeter. Sie warnt uns immer dann, wenn etwas schiefzulaufen droht. Gut, wenn wir dann auf einen ausgereiften Plan zurückgreifen können. Diesen müssen wir nur noch konsequent umsetzen.

#23 … weil Trader mit Gier umgehen können

»Wenn's um Geld geht, gibt's nur ein Schlagwort: ›Mehr!‹«

André Kostolany

Was verbindet die folgenden Aussagen miteinander?

… ein paar Punkte kriege ich noch …

… das Kursziel wird direkt übersprungen, ich bleibe drin …

… die ist noch nicht ausgereizt …

Sie kennen solche Aussagen. Aussagen, die alle eines gemeinsam haben: Im Regelfall erfolgt nach diesen Aussprüchen ein steiler Absturz (oder eine steile Kaufwelle – je nachdem, auf welcher Seite die Positionierung erfolgte) und die aufgelaufenen Gewinne schmelzen dahin wie die Butter in der Sonne. Wer es rechtzeitig schafft, steigt zum Einstand aus. Alle anderen müssen nach den entgangenen virtuellen Gewinnen die realen erzielten Verluste beklagen.

Warum wenig, wenn auch viel geht

Wer träumt nicht von dem einen großen Gewinn? Wer will nicht aus einem kleinen Vermögen ein großes machen? Und wer will nicht das Maximum aus jedem einzelnen Trade herausholen? Natürlich haben wir hohe Ansprüche, wenn es um unsere Trading-Ergebnisse geht. Zu Recht, schließlich riskieren wir zum Gewinnerzielen ja auch einen Teil unseres Handelskontos. Da haben wir uns einen Gewinn doch redlich verdient, finden Sie nicht auch?

Wir können gar nicht anders, als hier positiv zu antworten. Jede andere Antwort würde das Trading und die aktive Geldanlage ad absurdum führen. Schließlich geht niemand, der bei klarem Verstand ist, ein Risiko ein, um anschließend nicht entsprechend dafür entschädigt zu werden. So weit, so gut. Dennoch gibt es einen feinen Unterschied zwischen der Gewinnerzielungsabsicht in jedem einzelnen Trade und der blinden Gier nach mehr. Ein Unterschied, der vielen Tradern kaum bewusst ist.

CRV

Halten wir zunächst fest, dass in der Planung einer Position immer ein Gewinnziel in Höhe eines Mehrfachen des eingegangenen Risikos festgehalten werden sollte. Die Frage ist nur, wie viel dieses Mehrfache sein sollte. Da wir im Trading hauptsächlich über Wahrscheinlichkeiten sprechen, müssen wir uns immer wieder fragen, wie wahrscheinlich ein weit entferntes Gewinnziel im Vergleich zu einem näher liegenden ist. Die Antwort ergibt sich von selbst: Je weiter ein Gewinnziel entfernt ist, umso kleiner wird die Wahrscheinlichkeit, dieses in angemessener Zeit zu erreichen. Der Zeitfaktor ist für die Betrachtung wesentlich, denn unter Umständen kann jedes denkbare Ziel erreicht werden. Es ist aber niemandem geholfen, wenn es erst in weit entfernter Zukunft geschieht. Unter diesem Aspekt macht es also Sinn, bei der Gewinnzielermittlung realistisch und damit bescheiden zu bleiben.

Warum auch nicht? Schließlich bewegen sich die Märkte und damit die beobachteten Kurse ständig auf und ab. Da gibt es gewisse Trendneigungen, nach denen die ursprüngliche Bewegung nach einer kurzen Korrektur wieder aufgenommen wird. Einen linearen Verlauf aber gibt es nicht. Das ist auch der Grund, warum anfängliche Gewinne schnell wieder weg sein können. Weil eine Bewegung wieder korrigiert wird. Warum also diese Marktmechanismen nicht nutzen und die so entstehenden Wellen aktiv begleiten? Immer und immer wieder. Nach dem Motto: viele kleine Gewinne zusammen ergeben auch einen großen.

Die Belohnungssucht

Diese Idee ist auch unter dem Aspekt interessant, dass wir eine starke Affinität zu Belohnungen haben. Es ist nicht nur die Belohnung, die uns besonders reizt, es ist vielmehr die Erwartung einer Belohnung, die einen starken Reiz auf uns ausübt. Und was, wenn nicht eine Belohnung, sollte denn ein noch höherer Gewinn für uns sein? So wurde in Untersuchungen festgestellt, dass wir Menschen deutlich sensibler auf die Höhe einer erwarteten Belohnung als auf die Wahrscheinlichkeit derselben reagieren. Für uns Trader bedeutet das, dass wir umso euphorischer werden, je größer der potenzielle Gewinn ausfallen kann – ganz unabhängig davon, ob dieser hohe Gewinn wahrscheinlich ist. Allein die Möglichkeit des hohen Gewinns bringt uns dermaßen in Hochstimmung, dass wir alles andere um uns herum vergessen.

Hand aus Herz: Kommt Ihnen das bekannt vor? So können wir uns mit jedem einzelnen Trade reichdenken – bevor der Blick auf das Depot uns wieder in die Realität zurückholt.

Die Gier beherrschen

Erfolgreiche Trader haben gelernt, mit der Gier umzugehen. Indem sie sich auf ausgewählte Ein- und Ausstiegsregeln konzentrieren und nur konkrete Signale umsetzen, wahren sie die Chance auf realistische Gewinne bei angemessenem Risiko. An dieser Stelle habe ich einen weiteren Praxistipp für Sie: Hören Sie auf, Rückschau zu halten, was alles möglich gewesen wäre, und halten Sie sich von sämtlichen Statusmeldungen fern, in denen andere ihre Erfolge posten. Dadurch entgehen Sie der Gefahr, aus Gier in den Markt gezogen zu werden, weil ein anderer eine Menge Geld verdient hat. Machen Sie sich in diesem Zusammenhang bewusst, dass für Sie ausschließlich das gilt, was Sie machen. Das, was andere machen, gilt für andere.

#24 … weil Trader mit Absagen umgehen können

»Breathe in, breathe out, move on.«

Jimmy Buffett

»Danke, da haben wir keinen Bedarf …« Wer sich schon einmal mit dem Vertrieb und Verkauf beschäftigt hat, kennt solche oder ähnliche Aussagen. Es gibt keinen Bedarf, man hat bereits einen Lieferanten oder das Budget ist im laufenden Geschäftsjahr verplant. Ich selbst war viele Jahre im Vertrieb in verschiedenen Positionen tätig und habe in dieser Zeit eine wertvolle Lektion gelernt: Aufstehen – Ärmel abputzen – weitermachen. Immer und immer wieder.

Es geht ja auch nicht anders. Wir müssen im Leben mit Rückschlägen umgehen lernen, denn Rückschläge wird es immer wieder geben, ob es nun im Trading oder im Leben allgemein ist. Wir können nicht davon ausgehen, dass immer alles planmäßig verläuft. Ganz im Gegenteil. In der Regel müssen wir erleben, dass die wenigsten Dinge planmäßig verlaufen. Damit umzugehen ist die hohe Kunst.

Falls Ihnen in diesem Zusammenhang zufällig ein Verkaufsratgeber in die Hände gefallen ist, konnten Sie darin wahrscheinlich folgende Aussage entdecken: »Jedes Nein bringt mich einem Ja näher!« Auch wenn Sie das für typisches Motivations-Einmaleins für Verkäufer halten, steckt doch etwas Wahres in Aussagen wie diesen. Denn tatsächlich bringt uns jeder Versuch allein schon aufgrund des Gesetzes der großen Zahl über die Summe der Versuche irgendwann zum gewünschten Erfolg. Wir müssen es eben nur oft genug versuchen.

Vorn raus, hinten wieder rein

Woran denken Sie, wenn Sie an einen Verkäufer denken? Was kommt Ihnen in den Sinn? Eine typische Beschreibung lautet: »Das ist einer, den können Sie vorn rausschmeißen, der kommt direkt durch die Hintertür wieder rein. Mit einem Lächeln.« Heißt auf Deutsch: Den können Sie nicht loswerden. Oder kürzer: Der gibt nicht auf. Wobei die letztere Beschreibung das ist, worauf ich hinaus will.

Denn auch für uns Trader ist es wichtig, nicht aufzugeben. In diesem Sinne sind wir tatsächlich wie Verkäufer. Nein, eigentlich sind wir Verkäufer – Händler, genauer gesagt. Nur dass wir nicht im direkten Kontakt mit dem Kunden stehen. Wie der Verkäufer es tagtäglich erlebt, so erhalten auch wir tagtäglich Absagen. Vom Markt. Jeder Trade, der nicht in die gewünschte Richtung verläuft, ist in diesem Sinne eine Absage. Eine Absage an uns und unsere Analyse. Wer sich davon abschrecken lässt, wird schnell das Handtuch werfen und scheitern.

Es stellt sich die Frage, wie wir es schaffen können, mit den immer wiederkehrenden Absagen professionell umzugehen.

Was können wir von erfolgreichen Verkäufern lernen? Was zeichnet erfolgreiche Trader aus? Welches ist wohl die wichtigste Fähigkeit, die wir benötigen, um wirklich erfolgreich im Trading zu sein, aber auch darüber hinaus? Es ist die Resilienz. Die Fähigkeit, mit Rückschlägen und Enttäuschungen umzugehen. Und es einfach ein weiteres Mal zu versuchen. Und ein weiteres Mal. Und wenn es sein muss, noch ein weiteres Mal. Bis zum gewünschten Erfolg.

Resilienz – die seelische Widerstandskraft

Resilienz ist die Widerstandskraft, die uns hilft durchzuhalten. Schon in frühester Kindheit lernen wir, Niederlagen wegzustecken und positiv auf Widrigkeiten zu reagieren. Diese wichtige Eigenschaft hilft uns, eine stabile Persönlichkeit zu entwickeln. Wir können einen resilienten Menschen beispielsweise mit einem Boxer vergleichen, der zu Boden geht, aufsteht und mit neuer Taktik versucht, seinen Gegner zu schlagen. In diesem Sinne besteht die Widerstandskraft auch darin, sich neu auf bestehende Gegebenheiten einzustellen und seine Vorgehensweise entsprechend zu variieren. Denn unter gleichen Umständen einfach weiterzumachen wie bisher, das wird zwangsläufig zum gleichen Ergebnis führen – dem erneuten Niederschlag.

Für uns Trader heißt das, dass wir im Verlustfall immer überprüfen müssen, ob unsere Strategie aktuell noch zum Markt passt oder ob wir etwas verändern müssen. Wer beispielsweise in einem Seitwärtsmarkt trendfolgende Strategien verwendet, kann das zwar immer wieder versuchen, wird aber auch immer wieder scheitern. Nur ein Wechsel der Strategie wird in diesem Szenario zum Erfolg führen. Genauso wie der Verkäufer mit neuer Strategie durch die Hintertür wieder zurückkommt.

Im Endeffekt werden wir im Trading zwangsläufig darauf trainiert, unsere Widerstandskraft aufzubauen. Wenn Sie intraday handeln, erleben Sie diesen Prozess sogar im Schnelldurchlauf. Denn wenn Sie eine Trefferquote von 50 Prozent annehmen, die durchaus schon gut ist, so bedeutet das, dass Sie exakt jeden zweiten Trade als Rückschlag verdauen müssen. Und da der Markt nun einmal nicht linear verläuft, kann er Ihnen diese Rückschläge auch handlich verpackt in Blöcken mit jeweils zehn Fehlversuchen hintereinander servieren. In genau diesem Moment zeigt sich die wahre Widerstandskraft eines Traders.

Wie können Sie Ihre Widerstandskraft aufbauen? Wie werden Sie resilient? Folgende Praxistipps können Sie unterstützen:

1. Vernetzen Sie sich mit anderen Tradern und tauschen Sie sich aus! Wie gehen diese in bestimmten Marktphasen an den Markt?
2. Verlustfolgen sind systembedingt! Wir können nicht immer recht haben, also versuchen Sie es gar nicht erst. Der Markt entscheidet, nicht Sie.

3. Setzen Sie sich kleinere Ziele, die Sie auch erreichen können! Über Erfolgserlebnisse stärken Sie Ihr Selbstvertrauen und können davon zehren, wenn es mal nicht so gut läuft.
4. Verfolgen Sie strikt Ihren Trading-Plan! Wer entschlossen seinen Plan umsetzt, hat nichts zu beklagen. Immer vorausgesetzt, der Plan ist erfolgversprechend.
5. Vertrauen Sie sich selbst! Wenn Sie sich selbst in einem positiven Licht sehen, steht auch Ihre Entscheidungsbefugnis außer Frage. Sie sind der Experte für Ihren Trade ...

... so wie Sie der Experte für Ihr Leben sind.

#25 ... weil Trader niemals aufgeben

»Verlierer hören auf, wenn sie scheitern.
Gewinner scheitern, bis sie Erfolg haben.«

Robert Kiyosaki

»Das bringt doch nichts, da sind schon ganz andere dran gescheitert ...« Vielleicht sind Ihnen Aussprüche wie dieser auch schon einmal begegnet. Oftmals sind diese entmutigenden Worte der Anlass, um ein gerade begonnenes Projekt zu beenden oder eine neue Idee zu verwerfen. Wird aber trotz aller Warnungen weiter an einer Idee festgehalten, folgt als nächster Kommentar nach dem ersten Rückschlag: »Siehst du, habe ich dir ja gesagt. Besser du hörst jetzt auf, bevor du noch mehr Energie darauf verschwendest.«

Wenn es um den Erfolg geht, hat sich quer durch die Ratgeberliteratur eine einfache Erkenntnis durchgesetzt: Egal was kommt, immer weitermachen und sich nicht vom Ziel abbringen lassen. Dabei kommt es auf zwei Dinge an: die Widerstandkraft, um einzelne Rückschläge zu verkraften, und das Durchhaltevermögen, um das Gesamtziel nicht aus den Augen zu verlieren. Das ist die Formel für den Erfolg – unabhängig davon, in welcher Disziplin Sie sich betätigen.

Sie können diese Formel auf den Sport anwenden. Stellen Sie sich vor, die Fußballsaison beginnt, das erste Spiel findet statt und wird verloren. Glauben Sie, die Verlierermannschaft lässt sich davon aus dem Konzept bringen? Statt den Kopf hängen zu lassen, wird an der Strategie gefeilt, trainiert und der Gegner noch genauer studiert, um sicherzustellen, dass das nächste Spiel gewonnen wird. Sie werden keine Mannschaft, keinen Sportler finden, die/der sich nach einem Rückschlag zurückzieht und aufgibt.

Wie sieht es im Wirtschaftsleben aus? Stellen Sie sich vor, Sie wollen ein Geschäft eröffnen. Sie mieten ein Ladengeschäft an, kaufen Ware ein und stellen Mitarbeiter an. Leider läuft das Geschäft im ersten Monat noch nicht so, wie Sie es sich vorstellen. Was machen Sie? Machen Sie den Laden wieder zu? Sicher nicht. Sie werden Ihr Sortiment überprüfen, ins Marketing investieren, die Mitarbeiter schulen. Das machen Sie, weil Sie Ihr Ziel vor Augen haben: ein erfolgreiches Geschäft zu führen. Und um damit Geld zu verdienen. Was uns wieder zum Trading bringt.

Gebranntes Kind scheut das Feuer

Lassen Sie uns eine vertrauliche Frage in den Raum stellen. Wie viele Menschen kennen Sie, die sich im Rausch des neuen Marktes zur Jahrtausendwende gehörig die Finger verbrannt haben? Wie viele von denen sind heute noch mit dem Börsenhandel beschäftigt?

»Das habe ich schon gemacht, das funktioniert nicht. Da habe ich Geld verloren …« So oder so ähnlich hört sich das bei manchen Menschen an. Auf der einen Seite ist das verständlich. Keiner verliert gerne Geld. Aber ist das die richtige Einstellung? Fragen wir einmal genauer nach: Wie kann es sein, dass Menschen im Sport immer härter trainieren, um beim nächsten Mal zu gewinnen? Wie kann es sein, dass Menschen selbst nach einem herben Rückschlag im Berufsleben, wie beispielsweise einer Kündigung, sich eine neue Arbeit suchen und nicht entnervt die Flinte ins Korn werfen? Wenn diese Menschen also ungeachtet aller Hindernisse weitermachen, wie kann es dann aber sein, dass die gleichen Menschen nach einem Rückschlag an der Börse dieser auf ewig den Rücken kehren?! Wie ist dieser Unterschied im Verhalten zu erklären?

Es ist unser Umfeld. Im Sport haben wir eine Mannschaft, die auf uns zählt, und zusätzlich noch einen Trainer, der uns anfeuert. Im Berufsleben haben wir im Regelfall Verpflichtungen. Schließlich müssen wir alle unser Geld verdienen. Da ist die Familie, die versorgt werden will; da sind die finanziellen Verpflichtungen, denen wir nachkommen müssen. Und so suchen sich die meisten Menschen eben notgedrungen eine Arbeit. Das Umfeld beeinflusst uns, entsprechend zu agieren. Zusätzlich steckt in den meisten Menschen noch eine gesunde Portion Ehrgeiz, der zusätzlichen Antrieb verleiht.

Im Börsenhandel sieht es dagegen anders aus. Denn im Regelfall ist das verlorene Geld bei den meisten das Geld, das zunächst einmal erarbeitet werden musste. Die Ersparnisse. Die sind jetzt weg. Die Reaktion des Umfeldes wird nicht lange auf sich warten lassen. »Das hast du jetzt davon …« Oder: »Mach das nächste Mal etwas Solides …« Und schon ist das Depot gekündigt und ein Sparbuch eröffnet. Zu guter Letzt – unter uns: Wer hat schon wirklich Ehrgeiz in Sachen Geldanlage?

Wer aufgibt, hat verloren

Dabei können wir uns in diesem Zusammenhang einen lockeren Spruch unter Börsianern in Erinnerung bringen: Das Geld ist nicht weg, es hat nur ein anderer. So sarkastisch sich das auch anhören mag, so wahr ist es. Tatsächlich liegt eine wichtige Erkenntnis für uns in diesem Satz. Egal wie viel Sie im Markt verlieren, Sie haben immer die Chance, Ihr Geld zurückzuholen – mit Zinsen. Das setzt allerdings voraus, dass Sie ein striktes Risiko-Management verfolgen, das Sie vor einem Totalverlust bewahrt. Denn ist das Konto tatsächlich leer, ist das Spiel vorbei. Endgültig. Lassen Sie es also niemals so weit kommen und bewahren Sie sich die Chancen, zurückzukommen.

Der Ehrgeiz, zu gewinnen

Wenn wir im Sport oder im Berufsleben ohne zu hinterfragen weitermachen und nicht einmal ansatzweise ans Aufgeben denken, warum verhalten wir uns im Börsenhandel dann anders? Auch hier gilt es doch weiterzumachen. Rückschläge sind letztlich nichts anderes als Gelegenheiten, etwas zu lernen und besser zu werden – und damit beim nächsten Mal wieder zu den Gewinnern zu gehören. Und wenn wir schon einmal dabei sind: Warum sollten wir nicht auch etwas Ehrgeiz entwickeln? Warum sollten Sie nicht der beste Anleger in Ihrem Umfeld sein? Warum sollten Sie nicht auch beim Trading gewinnen wollen – und nicht nur beim Sport?!

Schauen Sie sich um. Sie werden keinen erfolgreichen Trader finden, der die Flinte nach einem Misserfolg oder gar einer Verlustserie ins Korn wirft. Geht die Trading-Idee einmal nicht auf, so wird das Thema abgehakt und die nächste Gelegenheit gesucht. Geht auch diese nicht auf, wird wieder die nächste gesucht. Solange dabei der eigene Trading-Plan eingehalten wird, ist das vollkommen in Ordnung. Im Ergebnis zählt nicht die einzelne Position oder der einzelne Trade. Es zählt die Gesamtzahl aller Trades in einem bestimmten Betrachtungszeitraum. Das können 100, 1000 oder aber auch 10.000 Trades sein. Ein einzelner Trade fällt überhaupt nicht auf – weder positiv noch negativ.

Lassen Sie sich also niemals entmutigen. Auf keinem Ihrer Spielfelder, erst recht nicht im Trading. Machen Sie weiter und behalten Sie Ihr Ziel im Auge. Das Ziel beispielsweise, ein Vermögen an der Börse zu machen und dabei der beste Trader zu werden. Wie klingt das für Sie?

#26 … weil Trader nach Lust und Laune tüfteln können

»To invent, you need a good imagination – and a pile of junk.«

Thomas Alva Edison

Sind Sie ein Entdeckertyp? Tüfteln Sie gerne? Können Sie sich in Experimenten verlieren? Dann habe ich eine gute Nachricht für Sie. All das können Sie im Trading ausleben!

Seit die ersten Waren ihren Besitzer wechselten, versuchen Menschen, dabei das Optimum für sich herauszuholen. Unabhängig ob Käufer oder Verkäufer. Jeder will dabei das Beste für sich. Den besten Zeitpunkt, die beste Menge, den besten Preis.

Aus diesem Anspruch heraus entwickelten sich über die Jahrhunderte verschiedene Methoden der Marktanalyse. Ob Sie nun die fundamentale Analyse zur Hand nehmen, bei der es darum geht, mithilfe von Kennzahlen einer möglichen Über- oder Unterbewertung auf die Spur zu kommen, oder ob Sie die charttechnische Analyse nutzen, um über den Kursverlauf den richtigen Preis zu definieren, ist zunächst zweitrangig. Interessant an beiden Analysemethoden ist, dass sie beständig verändert und verbessert werden. Dabei hilft auch der technische Fortschritt. Wo früher ein Chartverlauf mühsam per Hand in Kästchen- oder Millimeterpapier eingezeichnet wurde und die Ermittlung von Kennzahlen profunde mathematische Kenntnisse erforderte, übernimmt heute der Computer die gesamte Arbeit. Ein Klick und

Sie haben alle Daten sauber nach Ihren persönlichen Präferenzen aufbereitet.

Die Kerzen erhellen den Weg

Seit Steve Nison in den 1980er-Jahren die japanischen Candlesticks in die westlichen Handelsräume brachte, sind sie von den Händlerbildschirmen nicht mehr wegzudenken. Wenn wir uns vor Augen führen, dass diese Art der Preisdarstellung ihren Ursprung im japanischen Reishandel des 17. Jahrhunderts hat, dann wird deutlich, wie lange die Händler bereits auf der Suche nach dem heiligen Gral sind. Natürlich ist in diesem Zusammenhang auch ein gewisser Informationsvorsprung nicht unwichtig. So konnte der Entwickler der Kerzendarstellung, Munehisa Homma, durch seine Analysemethode der Reispreise ein bis dahin unvorstellbares Vermögen erwirtschaften. Sein Beiname »Gott der Märkte« unterstreicht den Erfolg seiner entwickelten Analysemethode. Und so überrascht es auch nicht, dass Munehisa Homma an seinem Todestag im Jahr 1803 als reichster Mann Japans galt.

Der Wert eines Unternehmens

Vielleicht interessiert Sie aber eher die Betrachtung der fundamentalen Seite und Sie wollen über den Wert eines Unternehmens gehen. Vielleicht interessiert Sie die Frage, ob ein Unternehmen unter- oder überbewertet ist. Vielleicht wollen Sie sich sogar an einem »wertvollen« Unternehmen beteiligen. Wer könnte da näher liegen als Warren Buffett, der als Value-Investor Geschichte schrieb. Seine Analysemethode für die Auswahl entsprechender Unternehmen beruht ausschließlich auf den Kennzahlen, den Produkten, dem Management und den Erfolgsaussichten im Markt. Mit dieser Herangehensweise schaffte es Warren Buffett nicht nur an die Spitze der reichsten Amerikaner, sondern an die Spitze der reichsten Menschen der Welt.

Den eigenen Weg finden

Zu diesen beiden Erfolgsgeschichten gibt es unzählige weitere. Denken Sie nur an John Bollinger, der mit seinen Bollinger-Bändern ein Universalwerkzeug zur charttechnischen Analyse entwickelte. Oder denken Sie an Welles Wilder, der uns mit dem RSI – Relative Strength Index –, dem Parabolic SAR sowie dem Directional Movement Index-Konzept gleich drei nützliche Konzepte bescherte, um dem Marktgeschehen auf den Grund zu gehen. Es gibt zur charttechnischen Analyse wirklich eine Vielzahl an Varianten. Ob es nun die japanischen Ichimoku-Kinko-Hyo Charts sind oder ob Sie die Wellenzählung nutzen, die von Ralph Elliott Nelson in den 1930er-Jahren entwickelt wurde. Es liegt bei Ihnen, es ist Ihre Entscheidung, welches Analyseverfahren Sie wählen.

Sie können sich Ihre Charts so zusammenstellen, bis Sie meinen, einen entscheidenden Vorteil gegenüber den anderen Marktteilnehmern zu haben. Natürlich können Sie die verschiedenen Indikatoren und Oszillatoren auch so nutzen, dass Sie deren Einstellungen variieren. Ihrem Entdeckungseifer sind keine Grenzen gesetzt.

Oder wollen Sie lieber die fundamentale mit der technischen Analyse kombinieren, wie William J. O'Neil es mit seiner CAN SLIM Methode sehr erfolgreich vorgestellt hat?

Vielleicht wollen Sie aber etwas komplett Neues auf den Weg bringen? Einen neuen Indikator oder Oszillator vielleicht? Haben Sie eine Idee, wie Bekanntes neu angewendet werden kann? Oder Sie entwickeln eine neue Kennzahl, die einen Unternehmenswert so widerspiegelt, dass auch zukünftige Umsätze und noch zu entwickelnde Produkte bereits darin enthalten sind. Es gibt keine Grenzen, nur zu! Entwickeln Sie, tüfteln Sie! Nutzen Sie Ihr neues Wissen an der Börse und werden Sie reich und berühmt. Warum auch nicht?!

Und wissen Sie was? In dem Moment, in dem Sie Ihre Innovation der Allgemeinheit zur Verfügung stellen, kommen andere und feilen weiter an deren Optimierung. So dreht sich das Rad immer weiter. Halten Sie es also mit am Laufen!

#27 … weil Trader Demut lernen

»Was nützen einem zehn Millionen, wenn man nicht an das wirklich große Geld kommt?«

Jesse Livermore

Ein neue Geschäftsidee oder ein neues Projekt wird im Regelfall mit ambitionierten Zielen und voller Motivation gestartet. Ob es nun der Anspruch ist, mit einem neuen Unternehmen innerhalb kurzer Zeit die Marktführerschaft zu erlangen, oder ob das neue Projekt unterhalb der Budgetgrenzen noch vor der sowieso knappen Deadline zu beenden ist, sei dahingestellt. Es ist nicht weiter notwendig, zu betonen, dass es natürlich auch essenziell ist, neue Ideen mit Herzblut und Inbrunst zu verfolgen. Denn wenn wir am Anfang nicht euphorisch sind, wann bitteschön dann? So werden die ersten Schritte unternommen. Voller Motivation und Wissen, dass uns nichts von unserer Zielerreichung abhalten kann. Wir sind die Größten!

Bis zum ersten Hindernis. Mit dem ersten Rückschlag kommen die Zweifel. Ist alles richtig geplant? Haben wir alle Eventualitäten bedacht? Sind alle wichtigen und notwendigen Ressourcen angezapft? Haben wir für jedes Problem eine Lösung? Alles wichtige Fragen, die wir uns nicht nur in der Planungsphase eines neues Projektes oder einer neuen Aufgabe stellen müssen, sondern insbesondere dann, wenn sich uns Hindernisse auf dem Weg zum Ziel in den Weg stellen. Keine Frage: Wenn wir unser Ziel erreichen wollen, müssen wir unser Tun und Handeln immer wieder infrage stellen. Nicht nur im Allgemeinen, sondern auch im Speziellen – im Trading beispielsweise.

Hoch geflogen, tief gestürzt

Wer hat nicht seine Börsenhändler-Laufbahn voller Tatendrang und mit hochgesteckten Zielen begonnen? Bekanntlich ist die erste Million immer die schwerste ... Ach nein, sie ist nur ein Zwischenschritt hin zu echtem Reichtum. Entsprechend ambitioniert und risikofreudig wird geplant. Ob es nun ein zu hohes Risiko oder eine zu große Position ist, spielt keine Rolle. Es ist auch zweitrangig, dass gerade fatale Trading-Fehler vom Markt ab und an sogar belohnt werden und den Trader in seinem Tun auch noch bestärken. Denn irgendwann wird jeder mit seinen Fehlern konfrontiert und eines Besseren belehrt. Und dann folgt der Euphorie und der Jagd nach hohen und schnellen Gewinnen die Demut.

Es ist nämlich nicht selbstverständlich, dass wir im Trading immer und unbedingt hohe Summen aus dem Markt ziehen können. Es ist auch nicht selbstverständlich, dass immer weite und saubere Bewegungen im Markt sind, die uns entsprechende Punktgewinne ermöglichen. Es ist auch definitiv nicht so, dass der Markt immer unserer Planung folgt. Ganz im Gegenteil.

Wer versucht, dem Markt seinen Willen aufzudrücken, und versucht, seine Meinung durchzusetzen, wird verlieren. Wer meint, er wüsste alles besser, wird verlieren. Wer meint, er könne alles aussitzen, weil seine Analyse die richtige ist – wird ebenfalls verlieren. Nur wer dem Markt folgt und seine eigene Meinung hintanstellt, hat eine reelle Chance auf einen Gewinn. Über die Höhe des Gewinns entscheidet – der Markt.

Nicht fordern, sondern annehmen ist der Schlüssel zum Erfolg

Erfolgreiche Trader haben lernen müssen, dass sie nur ein kleines Rädchen im Getriebe des Marktes sind. Das gilt definitiv für uns Retail-Trader, aber auch für die allermeisten institutionellen Händler. Erst wenn Sie im Stil von George Soros mit Ihren Investitionen auf den Titelseiten der Weltpresse landen, könnte es sein, dass Sie mehr Einfluss auf den Markt haben, als der Markt Einfluss auf Sie hat. Als kleines Rädchen aber, wie könnten wir annehmen, dass wir irgendeinen Einfluss hätten? Der Markt weiß im Regelfall noch nicht einmal etwas von unserer Existenz.

Diese fehlende Einflussnahme schlägt sich auch in Finanzmarktanalysen nieder. Nicht ohne Grund lesen Sie häufig Formulierungen wie »... könnte dann abdrehen... « oder auch »... ein erstes Ziel wäre bei ...«. Gefolgt von genau entgegengesetzten Alternativszenarien. Es gibt einen Grund, warum Konjunktive in Finanzmarktanalysen so beliebt sind: Konjunktive beschreiben Möglichkeiten. Möglichkeiten der Richtungsbewegung. Möglichkeiten, die aufgrund von wahrscheinlichen Szenarien hergeleitet werden. Am Ende ist es das, was eine Analyse ausmacht: die Beantwortung der Frage, welche Richtungsbewegung im nächsten Moment die wahrscheinlichste ist. Es ist aber niemals der Anspruch damit verbunden, absolut richtigzuliegen.

Wer sich also aufgrund einer veröffentlichten oder auch eigenen Analyse in den Markt begibt, handelt aufgrund von hergeleiteten Wahrscheinlichkeiten, nicht aufgrund von Gewissheiten. Und wie es so ist mit Wahrscheinlichkeiten, können sie eben auch mal nicht eintreten. Dann greifen Alternativszenarien. Wie könnten wir auf die Idee kommen, dennoch vom Markt etwas einzufordern!

Erst wenn wir uns darauf einlassen, den Marktbewegungen zu folgen, und aufhören mit Formulierungen wie »Die Unterstützung hält auf jeden Fall ...« oder »An dem Punkt muss er drehen ...«, haben wir die realistische Chance auf langfristigen Erfolg im Trading. Erst wenn wir uns darauf konzentrieren, was der Markt an einem bestimmten Punkt tatsächlich macht, anstatt ihm vorschreiben zu wollen, was er machen sollte, können wir von konstanten Gewinnen ausgehen.

Erst wenn wir demütig die Angebote des Marktes annehmen, anstatt hochmütig etwas bestimmen zu wollen, erreichen wir auch unsere ambitioniertesten Ziele. Es ist die Demut dem Markt gegenüber, die uns erfolgreich macht.

#28 … weil Trader geduldig sind

»Geduld zeugt von wahrer innerer Stärke.«

Dalai Lama

Ob nun Intraday-Handel oder Positionierung in den längerfristigen Zeitfenstern, wir alle stehen im Trading vor einer sehr großen Herausforderung: dem Warten auf die wirkliche Gelegenheit. Gelegenheiten, in den Markt zu gehen, gibt es unzählige. Jedes Mal, wenn sich der Kurs bewegt, hat ein Handel stattgefunden. Ein Käufer hat etwas von einem Verkäufer übernommen – oder umgekehrt – und beide haben sich auf einen entsprechenden Preis verständigt. Diesen Preis sehen wir dann in unserer Handelsplattform im Chart. Dieser neue Kurs könnte wiederum Anlass geben, eine Position zu eröffnen oder zu schließen. Doch ist es auch die richtige Gelegenheit für unseren Trade?

Geduld ist eine Tugend

Was passiert, wenn Sie genau jetzt eine Position eröffnen, einfach so, ohne groß zu überlegen? Einfach weil Ihnen jetzt danach ist? In der Theorie haben Sie eine Chance von 50 Prozent, mit Ihrer Position einen sofortigen Gewinn oder Verlust zu erzielen. Sie haben sogar die Chance, zumindest mit einem Aktienengagement, auf einen 100-prozentigen Gewinn. Irgendwann. Sie müssen im Zweifelsfall nur einen gegen Sie laufenden Kursanstieg oder -verfall aussitzen und entsprechend viel Zeit mitbringen. Nicht ohne Grund freuen sich bereits jetzt schon viele potenzielle Erben auf die Depots aus der Jahrtausendwende ... Wer also entsprechend Geduld mitbringt, kann ohne weitere Analyse kaufen oder verkaufen, ganz nach Lust und Laune. Ungehebelt, versteht sich. Sonst können Sie Ihre Position nicht vererben – und das wäre doch zu schade.

Lassen Sie sich nicht aufs Glatteis führen. Mir geht es darum, deutlich zu machen, dass viele Anleger und auch Trader über sehr viel Geduld verfügen. Oftmals über mehr Geduld, als ihnen eigentlich lieb ist. Nicht umsonst heißt es unter Börsianern, dass langfristige Anlagen nichts anderes sind, als schiefgelaufene kurzfristige Spekulationen. An dieser Stelle wollen wir uns einmal fragen, ob das Thema Geduld im Trading nicht vielleicht an einer anderen Stelle sinnvoller platziert werden kann. Also nicht erst nach der Positionseröffnung, sondern vielleicht schon im Vorfeld. Wäre das nicht zielführender?

Das zermürbende Warten auf den Trade

Es gibt leider keine gesicherten Erhebungen über die folgende Behauptung, doch ich rege Sie an, einmal unvoreingenommen darüber nachzudenken. Meine Behauptung lautet, dass rund 50 Prozent der Verlustpositionen hätten vermieden werden können, wenn die Trader oder Anleger geduldig auf den richtigen Zeitpunkt gewartet hätten, anstatt dass sie die Position, aus welchem Grund auch immer, zu dem gegebenen Zeitpunkt eröffneten.

Wie sieht es bei Ihnen aus? Bei wie vielen Trades sind Sie in den Markt gesprungen, weil Sie es einfach nicht mehr ausgehalten haben? Einfach weil Sie jetzt dabei sein wollten? Weil der Markt dynamisch Momentum aufbaute und Sie sich in Ihrer Einschätzung bestätigt sahen? Nur um im Anschluss zu erleben, dass der letzte Kurs im Markt von Ihnen gebildet wurde, kurz bevor die Richtung im Markt drehte und Ihr eigentlicher Einstiegspunkt erreicht wurde – Sie aber bereits tief in den roten Zahlen steckten?

Gerne stelle ich mich an Ihre Seite. Ich persönlich habe das unzählige Male erlebt. Die Lektion daraus: geduldig sein und abwarten.

Auch wenn der Markt den Anschein macht, ohne Unterbrechung in die bevorzugte Richtung zu laufen, seien Sie sich sicher: Früher oder später kommt die Korrektur, die Ihnen einen Einstieg mit allen wichtigen Parametern bietet. Denn wer einfach so reinspringt und seine Position eröffnet, wird im Regelfall keine nahe gelegene sinnvolle Marke für seinen Stop-Loss finden und sich gleichzeitig schon gefährlich nahe an einem möglichen Kursziel befinden. Was wiederum bedeutet, dass ein akzeptables Chance-Risiko-Verhältnis kaum noch umsetzbar sein wird. Geht der Trade dann doch noch in das Ziel, ist der Gewinn zu klein, als dass er die Unsicherheit und das Adrenalin der Spontaneität rechtfertigen würde. Im Regelfall aber gehen solche Trades nach hinten los. Der daraus resultierende Verlust ist oftmals deutlich höher, als er bei rationaler und vernünftiger Planung zu akzeptieren wäre. Diesen Verlust wieder aufzuholen, nachdem der Ärger über die eigene Ungeduld verflogen ist, zählt zu den unbefriedigendsten Aufgaben im Trading.

Was für uns im Handel also wirklich wichtig ist, ist die Geduld, auf den richtigen Zeitpunkt zu warten, an dem wir unseren Trade regelkonform umsetzen können. Dazu gehört auch, dass wir nach dem entsprechenden Signal tatsächlich handeln. Wozu wir natürlich auch anwesend sein müssen.

Das kann im Intraday-Handel schon einmal herausfordernd sein. Denn kehren wir nach einer wohlverdienten Pause wieder an den Platz zurück und stellen fest, dass wir unser Einstiegssignal knapp verpasst haben, müssen wir – warten. Auf die nächste Gelegenheit. Das ist ärgerlich, aber definitiv nicht so ärgerlich, wie sich in dem oben beschriebenen Szenario zu befinden. Geduld also ist eine Schlüsselqualifikation, die wir uns im Trading notgedrungen aneignen müssen.

Geduldig beim Einstieg, geduldig beim Ausstieg

Was beim Einstieg hilft, ist auch beim Beenden einer Position nützlich. Wahrscheinlich kennen Sie die folgende Situation aus Ihrer eigenen Praxis. Sie warten geduldig mit Ihrer Position, dass sich der Markt in Ihre Richtung bewegt, doch es tut sich einfach nichts. Kerze um Kerze wird gebildet und der Markt bewegt sich einfach nicht weiter. Was machen Sie? Sie steigen aus, denn das bringt ja sowieso nichts mehr … Und als ob alle Welt darauf gewartet hätte, dass Sie endlich den Markt verlassen, läuft der Kurs unmittelbar nach Ihrem Ausstieg direkt in Ihr Ziel – ohne Sie.

Ich habe mir einmal den Spaß gemacht und eine Spalte in mein Handelsjournal eingefügt, in der ich festhielt, ob der Trade nach meinem Ausstieg das Ziel noch erreichte oder nicht. In der Analyse wurde mir vor Augen geführt, dass ich in einer Vielzahl der Trades zu früh aus dem Markt gegangen bin. Aus Ungeduld. Keine schöne Erkenntnis, aber ein guter Lernhinweis.

Für Ihre Praxis bedeutet das, dass Sie bei gleichem Risiko einen höheren Gewinn erzielen können, wenn Sie nicht voreilig und ohne Grund den Markt verlassen. Sollten Sie jedoch erkennen, dass der Markt Umkehrsignale aussendet, steht es Ihnen natürlich frei, Ihre Position aufzulösen und die aufgelaufenen Gewinne zu sichern. Dann aber hat der Ausstieg etwas mit dem Markt zu tun und nicht mit Ihnen. Das ist der Unterschied.

#29 … weil Trader diszipliniert sind

»Disziplin ist der wichtigste Teil des Erfolgs.«

Truman Capote

Wo liegt der Unterschied zwischen Geduld und Disziplin? In der Ausführung und Umsetzung dessen, worauf wir geduldig gewartet haben. Es bringt nämlich niemandem etwas, wenn wir lange auf das perfekte Szenario warten, nur um dann darauf unüberlegt und spontan zu reagieren.

Vom Plan zur Tat

Reagieren soll unser Stichwort sein. Die meisten Trader reagieren in ihrem Trading nur, anstatt planvoll zu agieren. Spontan wird schon einmal scharf geschossen, sobald sich etwas bewegt, denn dabei sein ist bekanntlich alles. Da wird eine laufende Position aufgelöst, sobald der Markt die Gegenrichtung einschlägt, oder die Positionen werden munter gedreht, bis keine Richtung mehr die richtige sein kann. Hört sich das für Sie nach einem planvollen Vorgehen an?

Wer dagegen einen Plan hat, der muss nicht reagieren. Schon gar nicht spontan. Wer einen Plan hat und diesen verfolgt, der kann agieren und weiß jederzeit, was konkret zu tun ist. Nur wer einen Plan hat, kann ihn letztlich auch umsetzen.

Schauen wir uns zunächst einmal an, was alles in einen Trading-Plan gehört. Als Erstes muss die Frage beantwortet werden, *was* konkret gehandelt werden soll. Aktien, Futures, CFD oder (Hebel-) Zertifikate? Jedes Produkt verlangt nach einem anderen Vorgehen, das wiederum im Trading-Plan festgehalten wird.

Die nächste Frage beschäftigt sich mit dem *Wo*. Wo soll gehandelt werden? Damit ist weniger die Frage nach dem Broker gemeint, sondern die nach dem bevorzugten Markt: Deutschland, Europa, USA, Indizes, Einzeltitel, Rohstoffe oder Währungen. Wer die Wahl hat, hat die Qual. Wer weiß *was* und *wo* er handeln will, muss auch festlegen, *wie* er denn handeln will.

Also ist hier die Frage nach den konkreten Einstiegskriterien zu beantworten. Sollen es trendfolgende Ausbrüche oder Korrekturen gegen den Trend sein? Scalping oder Swing-Trading? Mit der Frage nach dem Wie ist auch die Frage nach dem Management eng verbunden.

Diese beinhaltet zuerst einmal das Ausstiegskriterium im Verlustfall. Wo soll der Stop-Loss gesetzt werden? Aber auch das einzugehende initiale Risiko muss definiert werden. Wie viel vom Handelskonto soll im Risiko sein? Pro Trade und insgesamt? Ist die Position eröffnet und stellt sie sich als Erfolg heraus, erhebt sich die Frage nach dem Gewinnziel. Wo sollen die Gewinne mitgenommen werden? Und es gehört die Frage nach der Positionspflege ins Management.

Inwieweit soll ein Stop-Loss nachgezogen werden? Nach welchen Kriterien? Es liegt auf der Hand, dass Sie diese wichtigsten Kriterien noch beliebig erweitern können. Nehmen Sie sich gerne auch etwas Zeit dazu. An dieser Stelle soll noch eine zusätzliche Frage erörtert werden: Warum ist ein Trading-Plan für erfolgreiches Trading wichtig?

Ein Trading-Plan gibt uns Sicherheit. Handlungssicherheit genau genommen. Dadurch, dass wir nicht mit absoluter Gewissheit sagen können, ob eine Position für oder gegen uns läuft, benötigen wir feste Kriterien, die festlegen, was wann zu tun ist. Das ist insbesondere dann von Bedeutung, wenn unsere Emotionen ins Spiel kommen und wir nicht mehr rational handeln können. In diesem Fall benötigen wir klare Anweisungen von uns selbst an uns selbst.

Ohne Disziplin scheitert jeder Plan

In der Praxis haben sich die meisten Trader schon einmal mit verschiedenen Kriterien für den Ein- und Ausstieg beschäftigt. Auch das Thema Risiko- und Money-Management ist mittlerweile weit verbreitet. Ebenso ist ein komplett ausformulierter Trading-Plan keine Seltenheit mehr. Und dennoch. Der Plan ist das eine, die Ausführung das andere. Denn jeder Plan wird zwangsläufig scheitern, wenn uns eine entscheidende Fähigkeit fehlt.

Wir benötigen Disziplin, genauer gesagt Umsetzungsdisziplin, für unseren Trading-Plan. Denn ohne Umsetzungsdisziplin nutzen uns auch noch so perfekte Setups nichts. Dann helfen keine Management-Regeln und auch ein ausgeklügeltes Risiko-Management bringt nichts. Ohne Disziplin sind Trader im Blindflug an den Märkten unterwegs. Sie handeln mal dieses, mal jenes. Das eine klappt, das andere nicht. Aber Konstanz suchen wir vergeblich. Weder kann man erfolgreiche und weniger erfolgreiche Setups messen noch können sie verbessert werden.

Wenn Sie also im Trading dauerhaft erfolgreich sein wollen, ist Ihre Disziplin ein wichtiger Baustein dafür. Legen Sie deshalb in Ihrem Trading-Plan detailliert fest, was Sie wann wie zu tun gedenken. Beachten Sie jede Eventualität und schaffen Sie eine Kontrolle Ihrer Aktivitäten durch ein Handelsjournal. Wenn Sie Ihre Planung diszipliniert verfolgen, kann Sie nichts mehr aus der Bahn werfen, egal wie der Markt sich verhält. Denn den Markt können Sie nicht kontrollieren, Sie können nur sich selbst kontrollieren.

#30 … weil Trader schnelle Entscheidungen treffen

»Es ist besser, unvollkommene Entscheidungen durchzuführen, als beständig nach vollkommenen Entscheidungen zu suchen, die es niemals geben wird.«

Charles de Gaulle

Wann immer wir eine Entscheidung zu treffen haben, müssen wir zwischen mehreren Alternativen abwägen. Selbst wenn es nur eine Möglichkeit gibt, gibt es dennoch zwei Alternativen: Ja oder Nein. Machen oder Nicht-Machen. Hopp oder topp. Haben wir uns zu einer Entscheidung durchgerungen, stehen wir unweigerlich vor der Situation, mit den Konsequenzen dieser getroffenen Entscheidung leben zu müssen. Läuft es gut, dann haben wir die richtige Entscheidung getroffen und können uns selbst gratulieren. Läuft es hingegen nicht gut, dann haben wir mit unserer Entscheidung falschgelegen und müssen die daraus resultierenden negativen Ergebnisse akzeptieren. Was uns naturgemäß schwerer fällt.

Entscheidungsschwäche bei unklaren Fakten

Leider können wir nicht im Voraus sagen, ob eine von uns zu treffende Entscheidung auf den richtigen oder falschen Weg führt.

Trotzdem müssen wir uns irgendwann für das eine oder das andere entscheiden. Unter Unsicherheit. Denn wir sind bei einer Entscheidung immer unsicher über den tatsächlichen Ausgang. Da liegt es auf der Hand, dass wir, um mehr Sicherheit zu erlangen und das Risiko falscher Entscheidungen zu reduzieren, möglichst viele Daten zur Entscheidungsfindung heranziehen. Je mehr Informationen wir nutzen können, umso besser. Denn jede zusätzliche Information erhöht unsere Sicherheit, eine Entscheidung zu treffen, deren Ausgang zu unseren Gunsten ausfällt.

Doch was, wenn wir nicht genügend Datenmaterial zur Verfügung haben? In diesem Fall stehen wir vor einem Dilemma: Sollen wir ich überhaupt eine Entscheidung treffen?

Diese Situation wird noch dramatischer, wenn Zeitdruck hinzukommt. Manche kennen das aus dem Verkauf: »Entscheiden Sie sich jetzt, das ist Ihre Chance!« Wer sich hiervon zu einer unüberlegten Entscheidung hinreißen lässt, erlebt nicht selten eine unangenehme Überraschung und stellt viel zu spät fest, dass er übers Ohr gehauen wurde.

Traden heisst Entscheiden

Damit wären wir beim Trading. Auch beim Traden heißt die Aufforderung: »Entscheide dich jetzt, das ist deine Chance!« Und schon müssen Sie eine Entscheidung treffen. Jetzt! Schnell! Reingehen, rausgehen, an der Seitenlinie bleiben? Jede Entscheidung hat entsprechende Konsequenzen. Welche das sind, wissen Sie leider immer erst hinterher.

Wie also gehen wir im Trading mit der Entscheidungsfindung um, wo wir doch gerade in diesem Bereich unter permanenter Unsicherheit handeln müssen? Zunächst einmal treffen wir unsere Entscheidungen mithilfe der fundamentalen und charttechnischen Analyse. Auch im Trading sammeln wir vielfältige Informationen, die uns Aufschluss darüber geben sollen, wie unsere Entscheidung auszufallen hat. Auf diese Weise versuchen wir, aus der permanenten Unsicherheit zumindest einen kleinen Vorsprung herauszuarbeiten. Dabei ist es egal, wie perfekt das Chartbild aussehen mag oder wie gut die Wirtschaftsdaten sind. Es besteht immer das Risiko, dass wir mit Eröffnung einer Position die falsche Entscheidung treffen und uns unvermittelt auf der falschen Seite befinden – allen gesammelten Informationen zum Trotz.

Eine gewissenhafte und professionelle Analyse kann uns im Trading daher immer nur einen leichten Vorsprung geben. Das ist der Vorsprung, zumindest eine Antwort auf die Frage zu erhalten, in welche Richtung der Kurs im nächsten Moment mit der größeren Wahrscheinlichkeit gehen wird. Und darauf beruht unsere Entscheidungsfindung. Long oder Short. Entry, Halten oder Exit. Mehr Möglichkeiten gibt es nicht. Aber immer noch genug, um falschzuliegen.

Sicherheit in der Unsicherheit finden

Was passiert, wenn Sie die falsche Entscheidung mit Ihrer Position treffen? Sie verlieren Geld, das wissen Sie mit Sicherheit bereits im Vorfeld eines Trades. Ohne Wenn und Aber, das ist sicher. Sie wissen aber auch, dass Sie im Erfolgsfall Geld verdienen. Da Sie Ihr eigenes Geld riskieren, um damit Geld zu verdienen, ist es naheliegend, den Risikobetrag strikt zu begrenzen. Schließlich wollen Sie nicht alles auf eine Karte setzen.

Mit der Definition Ihres absoluten Risikobetrags wandeln Sie Unsicherheit in Sicherheit. Sie wissen zwar immer noch nicht, ob Sie gewinnen oder verlieren, aber Sie wissen, was Sie maximal verlieren können – unter normalen Umständen, versteht sich. Das ist die Sicherheit, die es Ihnen ermöglicht, im Trading auch Entscheidungen zu treffen und mit jedem daraus resultierenden Ergebnis zu leben. Dass Sie auf diese Weise auch unter Zeitdruck in kurzfristigen Zeitfenstern schnell entscheiden können und dabei immer noch die notwendige Sicherheit besitzen, liegt folglich auf der Hand.

#31 … weil Trader lösungsorientiert sind

»Denke nicht in Problemen. Denke in Lösungen.«

Johann Wolfgang von Goethe

Kaum eine Fähigkeit ist für den eigenen Erfolg so wichtig wie das Denken in Lösungen. Viele kluge Köpfe sind sich darüber einig. Ob Goethe, Einstein oder Ford – sie alle waren sich über die Bedeutung des lösungsorientierten Denkens im Klaren. Tatsächlich macht diese Fähigkeit des Denkens den Unterschied zwischen Erfolg und Misserfolg aus. Denn das Denken in Lösungen hilft uns, schneller zu einem Ergebnis zu kommen, ohne uns lange mit möglichen Schwierigkeiten auseinandersetzen zu müssen. Treffen wir auf dem Weg zu einem Ziel auf ein Hindernis, so erlaubt uns das lösungsorientierte Denken, uns nicht lange damit aufzuhalten, was nicht geht, sondern unsere Gedanken darauf zu richten, wie wir alternativ vorgehen müssen, um unser Ziel dennoch zu erreichen. In diesem Sinne bedeutet lösungsorientiertes Denken, einen Plan B im Hinterkopf zu haben – für den Fall der Fälle.

Wer es dagegen nicht schafft, sein Denken in Richtung einer möglichen Lösung auszurichten, bleibt unweigerlich stehen – und verharrt im Problemdenken. »Das geht nicht, da haben wir ein Problem …«, das ist es, was wir dann zu hören bekommen. Immer damit verbunden, dass ein anderer bitteschön für eine passende Lösung zu sorgen habe. Sicher kennen Sie ebenfalls diese Zeitgenossen, die immer und überall Probleme sehen und im Stillstand verharren.

Probleme schaffen keine Lösungen

Was bedeutet die Thematik des problem- versus lösungsorientierten Denkens für Trader? Im Trading können wir uns schlicht und ergreifend kein problemorientiertes Denken erlauben. Denn wer bei einer Positionsschieflage darauf wartet, dass ein Dritter mit der passenden Lösung zu Hilfe eilt und die Kartoffeln aus dem Feuer holt, wird ein finanzielles Desaster erleben. Im Trading gibt es nur eine Denkweise: das Denken in Lösungen. Denn nur wer in der Lage ist, in neuen Situationen umgehend die passenden Antworten parat zu haben, hat eine realistische Chance auf Erfolg.

Dafür ist es notwendig, die Lösung bereits im Vorfeld – zumindest ansatzweise – präsent zu haben. Denn im Eifer des Gefechts bleibt oftmals keine Zeit, eine entsprechend fundierte Lösung zu erarbeiten und sie auch beherzt umzusetzen. Wenn der Markt erst einmal gegen die eigene Position läuft, ist jedes Zögern und Überlegen kostspielig. Das Denken in Problemen aber erst recht. »Ich habe da ein Problem …« wird niemals zu einer guten Lösung führen – und zur Kapitalvernichtung beitragen.

Vorbereitung ist der Schlüssel zur Lösung

Wie aber können wir es schaffen, im Trading in Lösungen zu denken, anstatt in Schockstarre zu verfallen, wenn sich der Wind dreht? Durch Vorbereitung und Planung. Wir müssen im Vorfeld eines Trades sämtliche Eventualitäten herausarbeiten:

- Welches ist die favorisierte Richtung?
- Was mache ich, wenn es nicht so kommt?
- Wo beende ich meinen Trade im Verlustfall?
- Wo und wie beende ich meinen Trade im Gewinnfall?

Denken in Lösungen heißt in diesem Sinne auch agieren statt reagieren. Aus diesem Grund müssen wir versuchen, sämtliche Eventualitäten im Marktverlauf zu berücksichtigen und entsprechende Handlungsanweisungen für die Variationen herauszuarbeiten.

Erst wenn das geschehen ist, können wir uns nach einer Positionseröffnung entspannt zurücklehnen und den Markt seine Bewegungen vollziehen lassen. Denn dann müssen wir nicht mehr auf eine neue Bewegung reagieren, sondern wir wissen genau, was wir zu tun haben. Anstatt hektisch nach irgendeiner Lösung zu suchen, können wir agieren und genau das unternehmen, was wir uns im Vorfeld zu dieser Situation vorgenommen haben. Das ist Denken in Lösungen.

#32 … weil Trader kalkulierte Risiken eingehen

»Nichts geschieht ohne Risiko.
Aber ohne Risiko geschieht auch nichts.«

Walter Scheel

Erinnern Sie sich an Forrest Gump und seine Pralinenschachtel? »Man weiß nie, was man kriegt«, lautete das Fazit, das Tom Hanks in seiner unvergleichlichen Rolle auf einer Parkbank zog. Nicht nur auf das Leben bezogen eine interessante Weisheit, sondern auch im Hinblick auf das Trading.

Welche Praline wird es denn?

Wenn wir bei der Analogie bleiben und unsere Trades mit den Pralinen aus Forrest Gumps Schachtel vergleichen, so liegt es auf der Hand, dass wir auch im Trading streng genommen nie wissen, was wir bekommen. Das können wir auch nicht, denn schließlich können wir nicht mit absoluter Gewissheit sagen, in welche Richtung der Markt als Nächstes läuft. Und so müssen wir uns immer wieder aufs Neue überraschen lassen.

Wenn wir aber nicht wissen können, was am Ende aus einem Trade wird, ist es naturgemäß schwierig, abzuwägen, ob wir eine Position eingehen sollen und wie viel wir dabei riskieren dürfen. Schließlich kann es durchaus sein, dass wir mit der nächsten Praline die weniger schmackhafte erwischen – und unser Trade ein Verlierer wird.

Genau genommen sind wir im Trading in einem permanenten Zustand der Unsicherheit. Wir wissen weder, ob wir am Ende einen Gewinn oder Verlust verbuchen können, noch wissen wir, wie hoch der angepeilte Gewinn wirklich ausfallen wird. Sicher, wir haben eine gewisse Idee, ein Kursziel, das wir anpeilen, aber ob dieses tatsächlich erreicht wird, bleibt bis zuletzt offen. Das Einzige, was wir wissen und im Vorfeld bestimmen können, ist, wie hoch unser Verlust im ungünstigen Fall ausfällt.

Risikobegrenzung bei gleichzeitiger Gewinnmaximierung

Immerhin ist das Wissen um den maximal möglichen Verlust doch etwas auf der Habenseite und unter dem Strich ist das Risiko auch das Einzige, was für uns im Trading von Belang sein sollte. Denn ob wir einen hohen oder niedrigen Gewinn mit dem nächsten Trade erzielen, wird uns im Zeitverlauf kaum beeinflussen. Ob wir aber einen hohen oder niedrigen Verlust erleiden müssen dagegen schon. Denn ist das Handelskonto erst einmal heruntergewirtschaftet, wird der Trading-Erfolg zur Sisyphusarbeit.

Risikobegrenzung ist aus diesem Grund der erste Punkt, den wir im Trading berücksichtigen müssen – noch vor der Zielbestimmung. Denn wenn wir erst einmal wissen, wie viel wir riskieren, dann können wir auch leichter bestimmen, wie viel wir als Gewinn veranschlagen müssen, damit sich ein Trade überhaupt rentiert. Mit dem so ermittelten Chance-Risiko-Verhältnis bekommen wir gleichzeitig ein Gespür dafür, ob sich ein Trade überhaupt lohnt oder ob wir lieber auf die nächste, vielleicht bessere Gelegenheit warten sollten.

Wobei die Zielbestimmung für einige Trader auch viel mit Kaffeesatzleserei zu tun hat. Oft wird ein möglichst ambitioniertes Ziel angepeilt, nur um zu erleben, dass sich der bereits aufgelaufene Gewinn im Zuge der Marktbewegungen mit der nächsten Korrektur wieder in Luft auflöst und in einen Verlust verwandelt. Wenn Sie sich also an Ihre nächste Zielbestimmung machen, bleiben Sie realistisch. Sie müssen nicht mit einem Trade zum Reichtum gelangen. Es können auch ruhig ein paar mehr Trades sein, die Sie zu Ihrem finanziellen Ziel bringen.

Fragen Sie sich deshalb bei der Zielbestimmung immer, welchen Bereich der Markt mit der höchsten Wahrscheinlichkeit in absehbarer Zeit anlaufen wird. Dieser Bereich soll Ihr Ziel sein – zumindest für einen Teil Ihrer Position. Wenn Sie einen restlichen Teil weiterlaufen lassen wollen, sichern Sie diese Restposition so ab, dass Sie keine Verluste mehr erleiden müssen, wenn der Markt die aufgenommene Bewegung wieder korrigiert.

Stellen Sie im Anschluss an die so vorgenommene Zielbestimmung fest, dass Sie mindestens das 1,5- oder sogar 2-Fache Ihres eingegangenen Risikos erreichen können, steht einem Trade nichts im Wege. Liegen Sie aber darunter, sollten Sie auf eine nächste, bessere Chance warten.

Bewusst kalkulierte Risiken eingehen

Der Erfolg im Trading basiert auf vielen Komponenten. Keine aber ist so entscheidend wie der Umgang mit dem Risiko. Riskieren Sie niemals mehr, als Sie finanziell und auch mental verkraften können. Gerade der mentale Aspekt wird häufig unterschätzt, was immer wieder zur Folge hat, dass Trader in laufende Positionen eingreifen, obwohl keine Notwendigkeit dazu besteht. Das wiederum führt unweigerlich zu Verlusten und zu Frust. Denn schließlich hatte man die richtige Trading-Idee, nur nicht das notwendige Durchhaltevermögen.

Machen wir uns bewusst: Ohne das Eingehen eines Risikos geht im Trading nichts. Ohne Risiko keine Chance. Ohne Bereitschaft zum Verlust wird sich auch kein Gewinn einstellen. Was den professionellen Trader also ausmacht, ist der bewusste und kalkulierte Umgang mit dem Risiko. Das Risiko zu kalkulieren und sich bewusst darauf einzulassen, das ist in diesem Sinne professionelles Trading!

#33 … weil Trader für das Leben lernen

»Erfolg bedingt lebenslanges Lernen.«

Robert Schumann

Hätten Sie gedacht, dass Lernen auch ganz nebenbei geschehen kann? Ohne große Vorbereitung, regelmäßiges Nacharbeiten oder eine Prüfung am Ende? Dass Lernen einfach so passieren kann? Wer sich mit Trading und Börsenhandel beschäftigt, wird genau das erleben.

Damit ist nicht das Lernen neuer Strategien oder die Erforschung der Hintergründe zum Marktgeschehen gemeint. Nein, die Rede ist von den sogenannten weichen Faktoren. Die Rede ist von der Entwicklung Ihrer persönlichen Fähigkeiten – der Entwicklung Ihrer Denkweise, Ihrer Vorgehensweise und Ihrer inneren Einstellung.

Trading ist Persönlichkeitsentwicklung

Trading ist nicht nur Selbsterkenntnis, wie an anderer Stelle bereits beschrieben. Trading ist mehr. Nach der Erkenntnis kommt die Entwicklung. Denn wenn uns im Trading wieder und wieder der Spiegel vorgehalten wird und sämtliche Schwächen, Verfehlungen und Eitelkeiten bloßgestellt werden, kommen wir an einer Bearbeitung dieser Punkte nicht mehr vorbei, wenn wir erfolgreich handeln wollen. Wo wir im beruflichen oder privaten Umfeld vielleicht erleben, dass die eine oder andere Schwäche zwar erkannt wird, uns aber aus falsch verstandener Höflichkeit nicht mitgeteilt wird, ist der Markt schonungslos ehrlich zu uns. Ohne falsche Rücksicht bekommen wir die Quittung für jeden Fehler, für jede Schwäche, für jede Eitelkeit. So lange, bis wir die Botschaft verstanden haben und an uns arbeiten.

Dass uns das manchmal an unsere Grenzen und darüber hinaus bringt, wissen Sie wahrscheinlich durch leidvolle Erfahrungen selbst. Dass aber kein Weg daran vorbeiführt, ist möglicherweise eine neue Erkenntnis für Sie.

Der bessere Mensch: ein Trader?

Als Trader werden wir mit unseren dunkelsten Emotionen konfrontiert. Wer es nicht schafft, seine Angst, seine Gier und zuweilen auch seinen Hass zu überwinden, wird im Trading scheitern. Der Markt kennt kein Pardon, wenn es um Gefühle geht. Ein erfolgreicher Trader wird daher immer seine Emotionen im Griff haben müssen.

Das bedeutet nicht, dass Sie nun als gefühlskalter Rationalist Ihr Dasein fristen müssen. Doch im Endeffekt hilft Ihnen der bewusste Umgang mit Ihren Emotionen auch im richtigen Leben weiter. Wer im Trading seine Angst und Gier überwindet, wird automatisch auch in allen anderen Lebensbereichen entspannter.

Wer seine eigene Resilienz stärkt, kann auch im richtigen Leben besser mit Rückschlägen umgehen. Denn wer im Trading die Erfahrung gemacht hat, dass ein verlorener Trade nicht das Ende der Welt bedeutet, wird dieses Wissen nutzen können, wenn es in einem anderen Bereich mal nicht so läuft – und einfach zum nächsten Versuch übergehen.

Wer im Markt regelmäßig kalkulierte Risiken eingeht, wird auch außerhalb der Märkte Risiken kalkulieren und diese gegen mögliche Chancen aufwiegen. Gilt in diesem Sinne auch das Errechnen eines Chance-Risiko-Verhältnis außerhalb der Märkte?

Aber sicher doch! Natürlich heißt das nicht, dass Sie jetzt immer alles gegeneinander abwägen sollten. Aber wenn es darum geht, eine Entscheidung für oder wider etwas zu treffen, können Sie so eine gute Entscheidungsgrundlage herleiten.

Entscheidungen zu treffen fällt Tradern naturgemäß leicht. Daran führt kein Weg vorbei, denn wer nicht handelt, kann auch nicht handeln. Warum also sollten wir außerhalb unseres Trading-Raumes auf einmal zögerlich werden?

Selbst wenn es nicht immer so aussieht, sind Bescheidenheit und Demut wichtige Eigenschaften, die wir im Trading beständig weiterentwickeln. So können wir uns auch im richtigen Leben an den kleinen Dingen erfreuen. Auch das für andere vielleicht Unbedeutende nehmen wir bewusst wahr, wissen wir doch, dass im Trading nichts selbstverständlich ist – nicht einmal der kleinste Gewinn. Im richtigen Leben im Übrigen auch nicht.

Die meisten Menschen bezeichnen sich selbst als ungeduldig. Als Trader aber sind sie geduldig. Sie müssen es auch sein. Ein ungeduldiger Trader kommt nur selten auf einen grünen Zweig. Der Schlüssel zum Erfolg ist die Geduld. Diese positive Eigenschaft hilft uns auch in anderen Lebensbereichen, geduldig abzuwarten.

Dass Sie darüber hinaus diszipliniert sind, versteht sich von selbst. Mit der im Trading erworbenen Disziplin werden Sie auch andere Projekte außerhalb des Börsengeschehens vorantreiben können, Schritt für Schritt und akkurat nach Plan.

Und sollte dennoch einmal etwas schiefgehen, als Trader geben Sie nicht auf und machen weiter. Nicht wie bisher, denn Sie haben als Trader gelernt, dass Sie Ihre Vorgehensweise immer wieder überprüfen müssen, um weiterhin erfolgreich zu sein. Genau das ist es, was uns auch im wirklichen Leben weiterbringt.

#34 … weil im Trading viele Wege zum Ziel führen

»Nur wer sein Ziel kennt, findet den Weg.«

Laotse

Schon Laotse wusste, dass vor der Wegfindung die Zieldefinition steht. An dieser einfachen, aber entscheidenden Weisheit hat sich bis heute nichts geändert. Und dennoch leben und arbeiten viele Menschen ohne ein wirkliches Ziel.

Erst einmal machen, der Rest ergibt sich, scheint das Motto dieser Menschen zu sein. Doch worauf arbeiten sie hin? Wofür der Einsatz? Wofür die Opfer? Ist der Weg wirklich das Ziel?

Ganz sicher nicht. Denken Sie an Ihr Navigationssystem im Auto. Das Erste, nach dem Sie gefragt werden, ist Ihr Ziel. Wo wollen Sie hin? Die wenigsten fahren einfach so drauflos, fahren um des Fahrens willen. Warum aber arbeiten viele Menschen ohne Ziel? Arbeiten um des Arbeitens willen? Wirklich? Und wie sieht es dann erst im Trading aus?

Trading um des Tradings willen?

Sie werden vielleicht lachen, aber die allermeisten Trader traden einfach drauflos. Weder verfolgen sie ein Gesamtziel im Sinne eines Jahresziels noch definieren sie Ziele in den untergeordneten

Zeiteinheiten wie Monat, Woche oder Tag. Was meinen Sie, wie erfolgreich kann so etwas auf lange Sicht sein?

Laut einer langfristig durchgeführten Harvard-Studie legten sich 83 Prozent der beobachteten Studienabgänger weder Ziele fest noch fixierten sie diese schriftlich. Weitere 14 Prozent der Absolventen hatten zwar Ziele, diese waren jedoch nicht schriftlich festgehalten. Immerhin verdienten diese 14 Prozent bereits das Dreifache der ersten Gruppe ohne Ziele. Wer aber seine Ziele zusätzlich noch schriftlich festhielt, verdiente glatt das Zehnfache der Studienabgänger ohne Ziele. Das waren immerhin noch 3 Prozent aller beobachteten Absolventen.

Was bedeutet dieses Ergebnis für Sie? Zu welcher Gruppe wollen Sie gehören?

Mein Praxistipp für Sie: Schreiben Sie jetzt auf, was Sie im Trading erreichen wollen. In Heller und Pfennig – und seien Sie ruhig großzügig dabei. Sie werden erstaunt sein, was sich erreichen lässt, wenn man sich wirklich etwas vornimmt!

Trading-Ziele und der Weg dahin

Wer sein Ziel kennt, kann auch den Weg dahin bestimmen. Anders geht es nicht, denn wer ohne Ziel unterwegs ist, verirrt sich im Dickicht der Möglichkeiten. Gerade im Trading gibt es eine schier unübersehbare Menge an Möglichkeiten, sein Ziel zu erreichen – oder aber es zu verfehlen.

Je nachdem, was Sie erreichen wollen, können Sie hier wählen zwischen »echten Werten« und deren schnellen Abbildern in Form von Derivaten. Nach welchen Kriterien wollen Sie Ihre Wahl treffen?

Wer lieber langfristig anlegen möchte, wird an echten Aktien nicht vorbeikommen – entweder einzeln oder gebündelt in Form eines Fonds oder ETFs beispielsweise. Gerade für Anleger, die über einen regelmäßigen Sparplan nachdenken, sind Fonds und ETFs geeignete Mittel, um langfristig ohne großen Aufwand ein Vermögen anzusparen und gleichzeitig zu vermehren.

Wer es etwas kurzfristiger möchte, kann zwar ebenfalls auf Aktien zurückgreifen, doch bieten sich noch weitere interessante Möglichkeiten in Form von Derivaten. Derivate, wie der Name schon sagt, sind nichts anderes als Abbilder eines Originals, Abbilder einer Aktie beispielsweise. Wenn Sie sich jetzt fragen, weshalb Sie ein Derivat statt einer Aktie kaufen sollten, ist die Antwort folgende: Weil Sie dafür weniger Kapital aufbringen müssen.

Wo Sie für eine Aktie den vollen Nennwert zu zahlen haben, können Sie mit einem Derivat, wie beispielsweise einem Hebelzertifikat, den gleichen Nennwert handeln, müssen dafür jedoch nur einen Bruchteil des Geldes aufwenden. Der Grund ist einfach. Derivate, in diesem Fall Hebelprodukte, sind so konstruiert, dass nur ein Bruchteil an Eigenkapital benötigt wird. Der Hauptteil wird vom Emittenten als Fremdkapital zur Verfügung gestellt. Daher auch der Name »Hebelprodukt«. Weil Sie Ihr eigenes Kapital hebeln. Das können Sie bis zum 100-Fachen oder höher tun.

Wenn Sie mit einem Hebelprodukt ein mittelfristiges Zeitfenster bedienen wollen, tut es aber sicher auch ein Hebel von drei, fünf oder vielleicht auch zehn. Im letzteren Fall müssen Sie nur ein Zehntel des Nennwertes aufbringen, den Sie im Falle eines Aktienkaufs aufzuwenden hätten.

Natürlich gibt es nicht nur Licht in solchen Konstrukten, sondern auch Schatten. Zum einen ist ein Zertifikat nur eine Inhaberschuldverschreibung, die auch noch nachrangig bedient wird. Zum anderen müssen Sie sich selbstverständlich darauf einstellen, dass der Hebel in beide Richtungen wirkt.

So kann beispielsweise eine Aktie bis in alle Ewigkeiten gehalten werden – die Existenz des betreffenden Unternehmens vorausgesetzt. Bei gehebelten Produkten ist das weniger ratsam – nicht nur wegen der rechtlichen Situation, sondern auch aufgrund des Hebels. Denn wenn Sie mit einer Aktie zum Beispiel 10 Prozent verlieren, dann sind Sie mit 10 Prozent im Minus. Kein Thema für einen langfristigen Anleger. Wenn Sie aber diese Aktie über ein Hebelzertifikat mit dem Hebel 10 handeln, sind Sie bei diesem Rückgang aus dem Spiel. Das Hebelzertifikat verfällt bis auf einen geringen Restwert wertlos. Wer dann alles auf eine Karte gesetzt hat, hat ausgehandelt.

Aus diesem Grund rate ich Ihnen dringend zu einem fundierten Risiko-Management. Damit Sie auch wirklich nur das verlieren, was Sie verlieren können und wollen. Das gilt im Übrigen für jedes Produkt.

Sie sehen: Für die Wahl des richtigen Instruments brauchen wir ein Ziel. Erst dann können wir uns überlegen, ob wir eine langfristige Anlage mit echten Aktien oder eine eher kurzfristige mit gehebelten Derivaten wählen wollen. In diesem Sinne hat jedes Produkt seinen Sinn, es kommt nur auf das dahinterstehende Ziel an.

#35 … weil im Trading jeder Topf seinen Deckel findet

»Wenn man irgendwo halbwegs gut aufgehoben ist, soll man da bleiben.«

Voltaire

Nicht jeder kann sich in seinem Beruf voll ausleben und seine Aufgaben ganz nach den eigenen Vorstellungen ausüben. Dabei geht es nicht unbedingt nur darum, wie diese Aufgaben erledigt werden. Nein, es geht auch darum, wie Menschen sich in ihre Aufgaben und Tätigkeiten einbringen können. Schließlich sind wir Individuen und haben somit unsere ganz eigenen Stärken und Herausforderungen.

Die Einzigartigkeit der Menschen – und der Trader

So ist der eine eher dem Menschen als der Aufgabe zugewandt und zeigt sich als Teamplayer, während der andere sich lieber zurückzieht und im Stillen vor sich hin tüftelt. Beide können gute Ergebnisse erreichen, aber eben jeder auf seine Art und Weise. Wo der eine ein lebendiges Umfeld bevorzugt, sucht der andere eher die Ruhe und Abgeschiedenheit.

Dann wiederum gibt es Menschen, die ihr Ziel fest im Auge haben. Einfach erst einmal machen und sich den Herausforderungen stellen, so könnte deren Devise lauten. Wer da nicht mithalten kann, hat eben Pech gehabt. Oder es gibt Menschen, die legen besonderen Wert darauf, dass die Dinge nachhaltig und ausgereift sind. Dass die Leistung stimmt und andere in ihrem Handeln unterstützt werden, ist ihnen wichtig.

Vier verschiedene Vorlieben, vier verschiedene Stärken, vier verschiedene Profile – und selbstverständlich gibt es unzählige Mischformen dieser Stärkenprofile. Denn wir alle haben mehr oder weniger stark ausgeprägte Anteile aller vier in uns.

Wenn wir also unterschiedliche Stärken und damit auch unterschiedliche Herangehensweisen an ein und dasselbe Thema haben, wie kann es dann sein, dass das im Berufsleben oft gänzlich unberücksichtigt bleibt? Wie kann es sein, dass bei den allermeisten Berufen, Tätigkeiten und Aufgaben die individuellen Stärken eines Einzelnen unberücksichtigt bleiben und alles nach »Schema F« abzuarbeiten ist?

Am Ende kommt es nämlich so, wie es kommen muss. Standardisierte Aufgaben werden standardisiert abgearbeitet. Das Ergebnis ist – Standard. Durchschnitt. Unbedeutend. Ohne Unterschied. Und der Mensch als Individuum wird ignoriert.

Wo sich im Berufsleben viele Menschen in ein mehr oder weniger enges Korsett fügen müssen, stehen uns im Trading alle Türen offen. Denn im Trading können wir unsere Stärken voll ausleben und auf unsere individuellen Herausforderungen gezielt eingehen. Im Trading haben wir die Möglichkeit, uns voll und ganz auszuleben.

Vier Stärken – vier Trader

Gehen wir noch einmal auf unsere vier Stärkenprofile zurück. Angenommen, für Sie ist es wichtig, dass Ihre Leistung eine entsprechende Anerkennung erhält und dass Sie etwas von Wert schaffen.

Was bedeutet das für Sie als Trader? Natürlich dass Sie sich mit Ihrem Tun auch in die Öffentlichkeit wagen. Dass Sie sich als Trader vielleicht mit neuen Strategien und Ansätzen beschäftigen, die Sie auch anderen offenlegen und beibringen. Dass Sie nicht unbedingt alles handeln, sondern auch gewisse ethische Kriterien an Ihr Trading legen.

Vielleicht ist es für Sie aber eher wichtig, neue Dinge auszuprobieren und nicht lange zu fackeln, bevor Sie loslegen. Die Bewältigung einer Herausforderung reizt Sie mehr als das lange Tüfteln nach der idealen Herangehensweise. In diesem Sinne sind Sie auch ein schneller Entscheider. Stellen Sie sich einmal vor, Sie müssten Ewigkeiten auf eine Einstiegsgelegenheit und die darauffolgende Zielerreichung warten. Stunden- oder tagelanges Warten auf ein Signal ist nichts für Sie. Sie wollen schnelle Taten und schnelle Ergebnisse. Was am Ende herauskommt, ist dabei noch nicht einmal so wichtig wie die Tatsache, dass überhaupt etwas dabei herauskommt. Kaum ist der eine Trade beendet, haben Sie ihn auch schon vergessen und widmen sich einem neuen Setup. Für Menschen, die also eher Wert auf Aktivität legen, sind folgerichtig die kurzfristigen Zeitfenster besser zu handeln als die langfristigen. Wenn Sie eher Aktivität und Abwechslung suchen, dann kann Scalping im 1-Minuten-Chart das Richtige für Sie sein. Trading, bei dem es nur um ein paar Punkte oder Cent geht. Rein und wieder raus. Schnelle Bewegungen, schnelle Entscheidungen, schnelle Ergebnisse. Wie hört sich das für Sie an?

Wenn es sich gänzlich fremd für Sie anhört und Sie sich eher in Ruhe mit einem Markt beschäftigen wollen, gibt es auch für Sie gute Nachrichten. Dann sind Sie im Scalping verkehrt. Ihre Welt ist der Stunden-Chart oder höher. Hier haben Sie Zeit, um sich eingehend mit dem Markt, den Marktbedingungen und den daraus resultierenden Setups zu beschäftigen, ohne eine schnelle Entscheidung treffen zu müssen. Hier können Sie Ihre Strategien analysieren, verbessern und verfeinern. Und das Gute daran ist: Sie können sich vollkommen zurückziehen und haben reichlich Zeit für Ihr Vorhaben. Solange Sie zwischendurch noch etwas Geld verdienen, wird Sie keiner von Ihren tiefen Gedankengängen abbringen. Wenn dann alles durchdacht und ausgearbeitet ist, können Sie sich hundertprozentig darauf verlassen, dass alle Details und Eventualitäten in Ihrer Strategie enthalten sind. Dann erst legen Sie los!

Trading ist ein einsames Geschäft. Das merken insbesondere die Menschen, die eine hohe Affinität zu anderen Menschen besitzen. Die sich in einer Gruppe wohler fühlen als allein. Schließlich macht die Arbeit gemeinsam mehr Spaß. Müssen sie vom Trading Abstand nehmen? Nein, natürlich nicht.

Denn obwohl Sie naturgemäß allein vorm Rechner sitzen, können Sie zwischendurch im regen Kontakt mit Ihrer Außenwelt sein. Da gibt es Skype, Twitter oder andere soziale Medien und Foren, in denen Sie mit Gleichgesinnten in einen Austausch treten können. Das Schöne daran ist, dass Sie nicht regional gebunden sind. Tauschen Sie sich doch einmal mit Ihren Kollegen in Übersee aus! Knüpfen Sie Kontakte zu asiatischen Tradern und hören Sie dort aus erster Hand, wie die Stimmung ist. Trading mag in diesem Sinne zwar eine Individualsportart sein, das gilt aber nur im analogen Sinne. Im virtuellen Raum können wir uns alle verbinden und austauschen. Damit haben Sie als Trader das größte Team und den größten Kollegenkreis der Welt!

Wie gesagt, jeder hat alle vier Stärkenprofile in sich vereint. Mal mehr, mal weniger ausgeprägt und in unterschiedlichen Kombinationen. Für das Trading selbst ist Ihr Profil unerheblich. Jeder Topf findet hier seinen Deckel. Jeder kann nach seiner Fasson arbeiten und erfolgreich sein. Und jetzt mal unter uns: Wo sonst können Sie das?

#36 … weil Trader von allem unabhängig sind

»Unabhängigkeit bedeutet alles.«

Oscar Wilde

Wenn wir den klassischen Aspekt des Geldverdienens einmal außer Acht lassen, so können wir mit Fug und Recht behaupten, dass die meisten Trader diesen Beruf gewählt haben, weil sie damit der persönlichen Unabhängigkeit einen entscheidenden Schritt näher kommen können.

Die Abhängigkeitsfalle

Was bedeutet Abhängigkeit bzw. Unabhängigkeit in diesem Sinne eigentlich? Nehmen wir als Beispiel wieder den abhängig Beschäftigten in einem Unternehmen. Zunächst einmal sind Angestellte von ihrem Unternehmen abhängig. Das ist der übergeordnete Aspekt. Untergeordnet bedeutet das, dass sie von vielen kleinen und großen Entscheidungen und Entscheidern abhängig sind.

Ich habe beispielsweise einige Zeit als Sales-Manager in der Textilbranche gearbeitet. Meine erste Abhängigkeit lag damals in der vom Designteam erstellten Kollektion. War die Kollektion gut: alles klar. War die Kollektion aber nicht so innovativ, befand ich mich in der Abhängigkeitsfalle. Denn diejenigen, von denen ich in erster Linie abhängig war, hatten mich in eine Situation gebracht, in der ich selbst noch so gut sein konnte – mir waren dennoch in gewisser Weise die Hände gebunden.

Vielleicht kennen Sie solche Situationen aus eigener Erfahrung. Wenn Sie zwar wollen, aber Ihnen schlicht und ergreifend das benötigte Handwerkszeug fehlt, können Sie nur mit halber Kraft fahren. Dennoch wird die volle Performance von Ihnen erwartet. Die erste Abhängigkeit liegt in diesem Fall also in dem wie auch immer gearteten Produkt eines Unternehmens.

Des Weiteren sind Angestellte natürlich abhängig von den Entscheidungen Dritter. So kann die Geschäftsführung eines Unternehmens beispielsweise grundlegende Veränderungen in der Unternehmensstrategie beschließen, die eine Freisetzung einiger Mitarbeiter beinhaltet. Der Entscheidungsspielraum der Geschäftsführung ist hier maximal, genauso wie die Abhängigkeit der angestellten Mitarbeiter eines Unternehmens.

Oder nehmen wir als weiteres Beispiel die Entscheidung eines Unternehmens über einen möglichen Zukunftstrend. Erinnern Sie sich in diesem Zusammenhang noch an die Mobiltelefone der Marke Nokia? Wenn das Management des Marktführers den neuen Trend zum Smartphone als irrelevant einschätzt, hat das Auswirkungen auf alle Beschäftigten des Unternehmens. Im Falle von Nokia gravierende.

Natürlich kann es aber auch sein, dass nicht die Geschäftsführung eine unangenehme oder falsche Entscheidung trifft, sondern diese über externe Partner gefällt wird. So kann das Fehlen eines fest eingeplanten Kundenauftrags eine einschneidende Erfahrung im Leben eines Verkäufers darstellen. Das Produkt ist perfekt, die Marktgegebenheiten sind ideal, alle verkäuferischen Mittel wurden eingesetzt – doch der Kunde steigt nicht ein. Game over – für dieses Mal. Gerade im Zusammenspiel mit externen Partnern oder Kunden wird die Abhängigkeit oftmals besonders deutlich. Das betrifft allerdings nicht nur Angestellte, sondern auch Selbstständige. Denn insbesondere Selbstständige sind häufig in hohem Maße von einem einzigen Kunden abhängig. Schwierig, wenn es dann einmal nicht so klappt wie vorher gedacht.

Wir brauchen aber gar nicht so weit zu schauen, um weitere Abhängigkeiten im Berufsleben zu entdecken. So sind in den meisten Unternehmen viele Tätigkeiten zwischen verschiedenen Abteilungen verzahnt. Die Vertriebsmannschaft benötigt beispielsweise die aktuellen Verkaufsprospekte von der Marketingabteilung. Oder der weitere Verlauf eines bestehenden Projekts hängt von der Erreichung eines wichtigen Teilzieles eines Teammitglieds ab.

Es bestehen im Endeffekt vielfältige Abhängigkeiten in Unternehmen. Nicht nur im Großen, sondern auch im Kleinen. Wobei die Abhängigkeit natürlich wechselseitig ist. Als Vorgesetzter sind Sie beispielsweise davon abhängig, dass Ihre Mitarbeiter am gleichen Strang ziehen wie Sie.

Alle diese beschriebenen kleinen und großen, formellen und informellen Abhängigkeiten sind gängige Praxis und im Regelfall in ihrer vollen Wirkung für die meisten nicht spürbar – bis zu dem Moment, in dem ein Rädchen im Uhrwerk seinen Dienst versagt.

SIND TRADER UNABHÄNGIG?

Nun die Frage aller Fragen: Sind Trader tatsächlich von diesen Faktoren unabhängig? Klare Antwort: Ja. Wobei hier eine Einschränkung gilt: Wir sprechen von Privatanlegern, den sogenannten Retail-Tradern. Als angestellter Trader in einer Bank oder einer anderen Institution sind Sie zumindest teilweise – wie beschrieben – ebenfalls abhängig.

Hat also eine Entscheidung in einem Unternehmen auf höchster Ebene keinen Einfluss auf uns Trader? Doch, hat sie. Der Hintergrund ist einfach. Wenn Sie als Anleger eine Aktie halten und ein Wechsel im Management verkündet wird, hat das Auswirkungen auf Ihr Depot.

Als beispielsweise im Frühjahr 2016 das Management von Henkel bekannt gab, dass Kaspar Rorsted den Vorstand verlässt, fiel der Börsenwert von Henkel um rund 4,5 Prozent. Gleichzeitig wurde bekannt gegeben, dass Rorsted bei Adidas den Vorsitz übernimmt.

Die Aktie von Adidas kletterte daraufhin um rund 10,5 Prozent. In diesem Sinne sind natürlich auch Trader abhängig. Unternehmensentscheidungen können einen Einfluss auf die weitere Wertentwicklung haben – und damit auf Ihr Depot. Der Unterschied zu einem Angestellten ist jedoch, dass ein Anleger sich umgehend von seiner Position trennen kann, um Schlimmeres zu verhindern. Diesen Luxus hat ein Angestellter im Regelfall leider nicht.

Als Intraday-Händler haben Sie durch solche Bekanntmachungen sogar einen entscheidenden Vorteil, sind sie doch der Treibstoff für Marktbewegungen und damit für Volatilität. Und was benötigen wir im Trading mehr als Volatilität?

In diesem Sinne ist die Abhängigkeit von Management-Entscheidungen, Produkten, Teamergebnissen und Projekten für mittel- und langfristig orientierte Anleger sowie kurzfristig agierende Intraday-Trader eine andere als die der Angestellten. Die Abhängigkeit besteht bei Angestellten eher in der Abhängigkeit kursbewegender Neuigkeiten. Wo der eine die daraus entstehenden Bewegungen für schnelle Gewinne nutzen kann, hat der andere Gelegenheit, seinen Bestand bei Bedarf zu einem günstigen Kurs aufzustocken oder einen Anstieg zur Gewinnmitnahme zu nutzen.

#37 … weil Trader keinen Chef haben

»Es gibt keine schlechten Mannschaften, Marschall. Es gibt nur schlechte Offiziere.«

Napoleon Bonaparte

Als der Kriminalpsychologe Robert D. Hare für eine Studie über Psychopathen 203 Manager aus sieben amerikanischen Unternehmen analysierte, achtete er auf 20 spezielle Kategorien, für die er Punkte vergab. Zu den analysierten Kriterien zählten unter anderem krankhaftes Lügen, mangelnde Empathie, fehlendes Verantwortungsbewusstsein oder auch oberflächlicher Charme. Wer bei der Befragung mehr als 25 Punkte erreichte, galt als gefährdet. Wurden 30 oder mehr Punkte gezählt, war die Schwelle zur Psychopathie erreicht.

Bei der Auswertung der Studie überraschten zwei Dinge: Die Manager erreichten im Durchschnitt höhere Punktzahlen als der Bevölkerungsschnitt und neun Manager wiesen Werte von über 25 auf, wovon weitere acht Manager Werte von über 30 Punkten erreichten.

Was oberflächlich betrachtet noch nicht als so gravierend erscheint, bekommt durch den Vergleich mit dem Bevölkerungsschnitt eine hohe Brisanz. Denn der Anteil potenzieller Psychopathen lag im Bevölkerungsschnitt bei knapp 1 Prozent während der Anteil bei den Managern knapp 6 Prozent betrug.

Mein Chef, der Psychopath

Aus der Hare-Studie wird deutlich, dass wir eine rund sechsmal höhere Chance haben, im eigenen Unternehmen auf einen Psychopathen zu treffen als draußen auf der Straße. Keine sehr beruhigende Vorstellung, wenn Sie mich fragen. Wobei wir diese Erkenntnis etwas relativieren wollen. Die allermeisten Vorgesetzten, nämlich rund 94 Prozent, sind um das Wohl der Menschen und der Unternehmen besorgt. Das kann ich aus meiner Praxis in der Unternehmensberatung bestätigen. Dennoch gibt es immer wieder Vorgesetzte, bei denen durchaus Vorsicht angebracht ist. Denn statt des Wohls des Unternehmens oder gar der Mitarbeiter steht das eigene Wohl im Vordergrund. Und so wird dann auch agiert – sehr zum Leidwesen der untergebenen Mitarbeiter.

Demotivation im Job

Neben der Tatsache, dass in Unternehmen manchmal fragwürdige Persönlichkeitsmerkmale der Schlüssel zum Erfolg werden, sind es oftmals ganz banale Dinge, die im Leben eines Angestellten für Demotivation sorgen.

Denn ein Angestellter ist zunächst einmal weisungsgebunden. Das heißt, dass der Vorgesetzte im Zweifelsfall anweisen kann, was der Mitarbeiter zu tun hat, was mitunter bizarr anmuten kann. So können Mitarbeiter im Unternehmen immer wieder erleben, dass sie trotz besseren Fachwissens die eigenen Aufgaben so zu erledigen haben, wie der Vorgesetzte das verlangt. Ob eine alternative, vom Mitarbeiter bevorzugte Vorgehensweise vielleicht zielführender wäre, wird oft nicht einmal in Betracht gezogen. Wer da als Mitarbeiter noch motiviert bleibt, hat wahrlich ein dickes Fell.

Erschwerend kommt hinzu, dass von Führungskräften wiederholt nur einseitiges Feedback über die Leistung ihrer Mitarbeiter kommt. Wobei einseitig bedeutet, dass im Feedback nur eine Seite der Leistung angesprochen wird. Nämlich die, die nicht klappt:

die Fehler. Die andere Seite, die erbrachte Leistung eines Mitarbeiters, bleibt häufig unerwähnt. Und so kriegen angestellte Mitarbeiter von ihren Vorgesetzten regelmäßig zu hören, was nicht funktioniert und wo sie sich zu verbessern haben, doch im Bereich der positiven Ergebnisse herrscht großes Schweigen. Lob und Anerkennung – Fehlanzeige. Da überrascht es auch nicht, wenn der Motivationslevel der Mitarbeiter auf ein Minimum sinkt.

Selbstmotivation im Trading

Als Trader brauchen wir uns keine Gedanken darüber zu machen, ob wir es mit einem Vorgesetzten aus der 94-Prozent-Gruppe zu tun haben oder mit einem waschechten Psychopathen. Denn Trader haben naturgemäß keinen Vorgesetzten, keinen Chef.

Da ist niemand, der uns sagt, was wir zu tun und zu lassen haben. Da kommt auch niemand und fragt, warum wir später oder überhaupt nicht erschienen sind. Im Endeffekt fragt noch nicht einmal jemand nach, warum die eigene Performance nicht stimmt. Aber es klopft uns im Zweifelsfall auch keiner auf die Schulter.

Trader haben zwar niemanden, der sie demotivieren, aber auch niemanden, der sie motivieren kann. Das muss bei uns von innen kommen. Wir müssen uns als Trader immer wieder neu selbst motivieren. Auch und gerade, wenn es mal schlecht läuft. Die Motivation für unser Tun und Handeln muss von innen kommen. Wir haben niemanden, der uns Leistung abverlangt oder Ziele mit uns vereinbart. Wir haben niemanden, der die Zielerreichung mit uns diskutiert und uns alternative Wege zum Ziel aufzeigt.

Denn auch solche Vorgesetzten gibt es. Vorgesetzte, die ihre Mitarbeiter unterstützen und ihnen Freiräume für die eigenen Ideen einräumen. Diese Vorgesetzten sind in der Praxis sogar in der deutlichen Mehrheit. All das haben wir nicht. Wir haben nur uns selbst.

#38 … weil Trader nur gute Kollegen haben

»Bei manchen Kollegen ist das einzig
Stille das Wasser auf dem Tisch.«

Unternehmen und die damit einhergehenden Bürogemeinschaften sind Abbilder unserer Gesellschaft im Mikroformat. Was vor den Unternehmenstoren bei der Mehrheit der Menschen zu finden ist, finden Sie genauso im Team unter Kollegen.

Sie werden in jedem Unternehmen, in jedem Team und in jedem Büro Kollegen finden, zu denen Sie im Handumdrehen einen guten Kontakt aufbauen können. Sie werden aber auch auf Kollegen treffen, mit denen Sie selbst bei näherem Hinsehen nicht viel anfangen können. Das ist aber nicht weiter dramatisch, schließlich sollen Sie in erster Linie miteinander arbeiten, Freundschaften können Sie auch woanders schließen.

Und Sie werden auf Kollegen treffen, mit denen Sie nicht nur nichts anfangen können, sondern die Ihnen grundunsympathisch sind. Kollegen, die Ihnen auf den Geist gehen. Kollegen, die Ihnen den letzten Nerv rauben. Kollegen, mit denen Sie zu allem Überfluss auch noch tagtäglich zusammenarbeiten müssen. Um der eigenen Karriere willen.

Freunde sucht man sich, Kollegen hat man

Wer kennt nicht den Kollegen, der mehr Zeit damit verbringt, Sprüche zu klopfen und alle anderen von der Arbeit abzuhalten, als den eigenen Aufgaben nachzugehen? Vielleicht kennen Sie aber auch den Kollegen, der extra früh erscheint, um das Radio auf seinen Lieblingssender einzustellen? Oder sind Ihnen schon einmal die Kollegen begegnet, die sich über alles und jeden beklagen und von früh bis spät nur jammern – dabei aber seit Jahren an ihrem Stuhl kleben?

Machen wir uns nichts vor: Wer in einem Unternehmen arbeitet, ist zwangsläufig ein Teil dessen und muss sich entsprechend mit den im Unternehmen arbeitenden Kollegen arrangieren. Denn, und das ist der Unterschied zum Privatleben, entgehen können wir den Menschen in einem Unternehmen nicht. Wir sind aneinander gebunden und müssen miteinander auskommen.

Trader suchen Kollegen und finden Freunde

Ganz anders ist das bei Tradern. Allein aufgrund der Tatsache, dass wir im Regelfall auf uns allein gestellt arbeiten, haben wir keine Kollegen, die das Radio vor uns kapern oder uns durch Smalltalk von der Arbeit abhalten.

Aber natürlich haben auch wir Kollegen. Nur kennen wir sie nicht. Sicher, es gibt eine stattliche Anzahl Trader, die sich in die Öffentlichkeit wagen und Analysen, Strategien sowie Tipps und Hinweise veröffentlichen. Das ist aber nur die Spitze des Eisbergs. Der Schritt in die Öffentlichkeit ist nicht jedermanns Sache und in Zeiten von Social Media will sich auch nicht jeder der öffentlichen Kritik aussetzen.

Da wir unsere Kollegen eben nicht gleich im Büro nebenan sitzen haben, müssen wir an anderer Stelle nach ihnen suchen. Die Möglichkeiten sind glücklicherweise vielfältig. Ob Sie nun in den diversen Foren und Communitys auf die Suche gehen oder ob Sie auf Messen miteinander in Kontakt treten, die allermeisten freuen sich über einen Austausch und ein lockeres Gespräch. Das gilt für die bekannten, in der Öffentlichkeit stehenden Kollegen genauso wie für die unbekannten. Nur Mut, kommen Sie in Kontakt!

Das Beste daran: Als Trader-Kollegen sind Sie keine Konkurrenten, denn jeder arbeitet für sich in einem extrem großen Markt. Jeder verfolgt im Trading seinen eigenen Ansatz, jeder hat seine eigenen Regeln. Deshalb können Sie im offenen Austausch auch einmal eine Idee erhalten, an die Sie vielleicht bis dato nicht dachten. Einfach weil der Blick von außen kommt.

Trader schließen sich freiwillig zusammen, nicht notgedrungen. So können unter Tradern auch gute Freundschaften über das Trading hinaus entstehen.

#39 … weil Trader eine 4-Stunden-Woche haben

»Das Pareto-Prinzip: 80 Prozent der Ergebnisse kommen durch 20 Prozent des Einsatzes.«

In seinem Bestseller *Die 4-Stunden-Woche* kommt der Autor Timothy Ferriss auf eine bestechende Idee zu sprechen: den Ausbruch aus dem Hamsterrad und den Einstieg in ein zeitlich selbstbestimmtes Leben. Die damit verbundene Idee, eine sich möglichst über selbstständige Schnittstellen selbst organsierte Unternehmung aufzubauen und sich letztlich auf die Impuls- und Kontrollfunktion im Unternehmen zu beschränken, begeistert seitdem unzählige Menschen. Zu Recht. Denn tatsächlich können wir uns neben der Arbeit genügend weitere Tätigkeiten vorstellen, mit denen wir unsere Tage sinnvoll verbringen können.

Was gibt es wohl für Möglichkeiten, den Tag zu verbringen? Arbeiten gehört natürlich dazu. Aber auch das eigene Hobby zu pflegen ist immer eine gute Idee. Mehr Zeit für Sport und Gesundheit stehen in jedem Seminar zum Thema Zeit- und Selbst-Management ganz oben auf der Wunschliste. Warum also nicht auch hier täglich aktiv werden? Zeit mit der Familie und den Freunden verbringen. Weiterbildung, Theater, Konzerte und was es sonst noch alles an Freizeitaktivitäten gibt. Die immer gleiche Frage in diesem Zusammenhang lautet: Wann genau soll ich das alles machen?

Zeit-Management und Trading

Wenn wir das Leben eines Traders mit dem eines Angestellten vergleichen, wird der Zeitaspekt besonders prägnant. Die Unterschiede werden bereits in den Arbeitszeiten deutlich. Wo ein Angestellter im Regelfall eine gewisse Anzahl Stunden am Tag, in der Woche oder im Monat abzuleisten hat, steht es dem Trader frei, wann er beginnt und wann er aufhört. Auch die Frage der Gesamtstundenzahl ist im Trading untergeordnet. Jeder ist frei, zu entscheiden, wann er beginnen und aufhören will.

Natürlich gibt es gewisse Zeiten, in denen Trading in einem bestimmten Markt einfach sinnvoll ist. Aber grundsätzlich können Trader ihre Zeiten frei wählen. Das bedeutet aber auch, dass es vorkommen kann, dass ein Trader stundenlang abwarten und dabei zusehen muss, wie absolut nichts geschieht. Auch das gehört nun einmal zum Trading dazu. Auf der anderen Seite kann es jedoch schnell gehen und mit einer einzigen Bewegung ist das Tagesziel erfüllt.

Was für Intraday-Trader in besonderem Maße gilt, gilt natürlich auch für die Trader, die längere Zeitfenster bevorzugen. Denn gerade das Trading in längeren Zeitfenstern kann zu einer größeren zeitlichen Unabhängigkeit führen.

Voraussetzung hierfür ist die exakte Definition von Ein- und Ausstiegsmarken, eine entsprechende Analyse der fundamentalen Faktoren und die Disziplin, sich an seinen bestehenden Plan zu halten. Gerade im Swing- und Positions-Trading ist es zuweilen sehr herausfordernd, die Position zu halten, wenn der Markt intraday in die entgegengesetzte Richtung läuft. Deshalb sei an dieser Stelle betont, dass die Beurteilung eines Trades in letzter Konsequenz immer in dem gehandelten Zeitfenster erfolgen muss. Wer seine Signale im Tages-Chart erzeugt, muss auch bis zum Ende der Tagessitzung warten, bis er ein weiteres Urteil über seine bestehende Position fällen kann.

Aus dieser Sicht kann es also ein echter zeitlicher Zugewinn sein, über die längerfristigen Zeitfenster im Trading nachzudenken. Denn je längerfristiger der gehandelte Zeitrahmen ist, umso großzügiger kann die eigene Zeitplanung betrieben werden und umso mehr Raum bleibt für anderes.

Die 4-Stunden-Woche für Trader

Um auf die Idee der 4-Stunden-Woche zurückzukommen, können wir festhalten, dass gerade Trader eine gute Chance haben, diese tatsächlich zu verwirklichen.

Voraussetzung ist, dass Sie, wenn Sie intraday handeln, vor allem solche Setups verfolgen, die Ihnen ein angemessenes Ergebnis pro Trade versprechen. Es gilt also, weniger Trades mit einem dafür höheren Ertrag umzusetzen. Denn je mehr Trades im Markt gemacht werden, umso größer ist auch der damit verbundene Verwaltungsaufwand für Ihr Tradingjournal. Und umso länger müssen Sie auf die nächste und übernächste Gelegenheit warten. Je mehr Punkte Ihnen Ihr Setup also ermöglicht, umso schneller können Sie Ihr Tagesziel erreichen und sind wieder aus dem Markt – und im wirklichen Leben.

Wer die längerfristigen Zeitfenster bevorzugt, hat es da noch leichter. Hier beschränkt sich die tägliche Arbeit auf die Auswahl und Pflege der eigenen Positionen. Um die eigene Analyse und Management-Arbeit in einem überschaubaren Rahmen zu erledigen, empfiehlt es sich, die eigene Watchlist knapp zu halten und regelmäßig zu aktualisieren. Denn auch hier gilt es, den Nutzen aus der aufgewendeten Zeit zu maximieren.

Gerade für längerfristig orientiere Anleger ist der Zeitaspekt besonders attraktiv. Denn als längerfristiger Anleger können Sie über den Zeitverlauf Ihr Geld verdienen, ohne auch nur eine weitere Minute investieren zu müssen.

Im Endeffekt aber haben Trader den entscheidenden Vorteil, dass sie den Beruf haben, den sie lieben. Und nun mal unter uns: Wenn ich das mache, was ich liebe, arbeite ich sowieso nicht. Dann ist jede Beschäftigung mit meiner Lieblingsmaterie ein Vergnügen. Es wäre doch schade, wenn mir dafür nur eine 4-Stunden-Woche bliebe, oder?

#40 … weil Trader einen krisensicheren Job haben

»Die Zukunft soll man nicht voraussehen wollen, sondern möglich machen.«

Antoine de Saint-Exupéry

Ich habe im Berufsleben schon viele kommen und gehen sehen. Branchen, Unternehmen, Mitarbeiter und Kollegen. In diesem Sinne zählt es zu den größten Herausforderungen im Leben, einen Beruf zu ergreifen, der nicht nur heute, sondern auch morgen und übermorgen noch gefragt ist. Dabei kommt es nicht nur darauf an, den richtigen Beruf zu wählen, sondern gleichzeitig auch die richtige Branche zu finden.

Sicher, nahezu jeder Beruf und jede Branche entwickelt sich weiter und unterliegt ständigen Veränderungen. Das ist hiermit auch nicht gemeint. Gemeint ist, dass es Berufe gibt, die ausgestorben sind oder Gefahr laufen, es in Zukunft zu tun.

Denken Sie beispielsweise an all die Telefonisten, die es früher einmal gab. Zugegeben, das ist wirklich schon lange her. Es handelt sich um die Damen und Herren, die Sie manchmal in einem alten Film sehen, die vor einer Wand mit vielen Steckverbindungen sitzen und den jeweiligen Anrufer weiterverbinden. Wer hätte damals gedacht, dass eine solche Aufgabe irgendwann einmal nicht mehr von Menschen übernommen wird?

Automatisation, Robotik und Digitalisierung

So wie damals undenkbar war, dass Telefone von selbst durchwählen – oder gar mobil sind –, so ist es heute für viele Berufe undenkbar, einmal von einer Maschine oder einem Computer ersetzt zu werden. Und doch ist die technische Entwicklung nicht aufzuhalten. Ob es uns nun gefällt oder nicht. Der Fortschritt schreitet immer weiter voran und verändert die Berufswelt kontinuierlich in einem ungeahnten Umfang.

So kommt eine Studie der Universität Oxford in Zusammenarbeit mit der Unternehmensberatung Deloitte zu dem Ergebnis, dass rund 35 Prozent der Arbeitsplätze in Großbritannien bis 2035 durch Automatisierung wegzufallen drohen. Dabei geht die Liste der gefährdeten Stellen quer durch alle Branchen. Das Spektrum reicht vom durch selbstfahrende Autos gefährdeten Taxifahrer über durch Roboter ersetzte Fabrikarbeiter bis hin zu Ärzten, die in Chirurgie und Analyse mit Robotern konkurrieren müssen. Wer also bislang immer dachte, durch eine spezialisierte Tätigkeit unentbehrlich zu sein, unterliegt möglicherweise einer gefährlichen Täuschung.

Automatisches Trading: Gefahr für Trader?

Wer jetzt meint, dass er als Trader nicht von der Übernahme automatisierter Prozesse betroffen ist oder sein wird, der täuscht sich ebenfalls. Gerade weil Trading nicht nur eine Kunst ist, in der viele Puzzleteile vom Händler zusammengefügt werden müssen, um ein sinnvolles Bild zu erzeugen, sondern darüber hinaus auch über feste Regeln definiert ist, die sehr wohl von Computern befolgt und ausgeführt werden können, ist auch der Beruf des Traders vom technischen Fortschritt betroffen. Die strikten Regeln eines Handelssystems, die auf wie auch immer definierten Indikatoren und

Anweisungen beruhen, sind lückenlos und in starrer Effizienz bereits heute schon durchgängig im Markt – nicht nur im institutionellen Bereich, sondern auch im privaten Sektor.

Dass eine Vielzahl der halb- und vollautomatischen Handelssysteme relativ mäßig abschneidet, ist dabei eher den Entwicklern als den Programmen anzulasten. Denn bereits heute machen immer wieder Hedgefonds auf sich aufmerksam, die über ihre effizienten und schnellen Handelssysteme in Sekundenbruchteilen Positionen eröffnen und gleich wieder schließen und dabei Milliardengewinne erzielen. Automatisierung ist im Trading also bereits in vollem Gange.

Und doch bleibt immer noch genügend Raum für den Menschen im Trading. Denn Trading beinhaltet eben mehr, als nur Algorithmen zu verfolgen. Trading ist eine Kunst, die wir über Jahre erlernen müssen. Eine Kunst, in der Wissen mit Intuition zusammengeführt wird und in der ab und an auch das Bauchgefühl den Ausschlag geben kann. Welche Maschine kann da schon mithalten?

Natürlich gibt es eine interessante Schnittstelle zwischen softwaregestützter Analyse und manueller Ausführung. Stellen Sie sich dazu einfach vor, dass Sie sämtliche Informationen zu Ihrer Lieblingsaktie regelmäßig fein säuberlich aufbereitet bekommen. Fundamental und charttechnisch. Professionell zusammengestellt, die wichtigsten Punkte deutlich hervorgehoben. Ihre Aufgabe ist nur noch, diese Daten zu analysieren und eine entsprechende Entscheidung zu treffen.

Wenn Sie jetzt sagen, dass es das bereits bei Ihrem Lieblingsbörsendienst gibt, haben Sie natürlich recht. Doch sind dort eben auch Menschen eingesetzt, die diese Daten recherchieren, erfassen und aufbereiten. Als Zusatznutzen erhalten Sie von ihnen häufig noch eine konkrete Handelsempfehlung. Und nun stellen Sie sich vor, Sie würden das alles ohne zwischengeschalteten Dienst erhalten. Automatisch und auf Knopfdruck. Da liegt der Unterschied.

Natürlich gibt es einen naheliegenden Grund, warum der Mensch im Trading unersetzlich ist. Selbst wenn eines Tages alles vollautomatisch gehandelt wird, muss es Menschen geben, die sich neue Systeme überlegen, sie zusammenstellen und immer wieder auf die sich verändernden Marktgegebenheiten anpassen. Wir können uns leicht vorstellen, dass es dann einen Wettbewerb gibt, in der das eine System versucht, das andere zu seinem Vorteil auszunutzen. Ganz so, wie es auch heute mit den bekannten Handelssystemen geschieht – oder was denken Sie, warum es immer wieder Fehlausbrüche gibt? Es muss natürlich Menschen geben, die diese Systeme programmieren und warten.

AUTOMATISCHES TRADING: DER TRADER PROFITIERT IMMER

Es gibt also keinen Grund, sich als Trader vor dem technischen Fortschritt zu fürchten. Ganz im Gegenteil. Zum einen werden Menschen zumindest im Hintergrund gebraucht, zum anderen können insbesondere Trader von einer vollautomatischen Umsetzung erheblich profitieren.

Stellen Sie sich nur einmal vor, Sie hätten ein System, das vollautomatisch exakt die Trades ausführt, die Sie auch getätigt hätten. Ihr eigener persönlicher Trading-Roboter. Gehen wir an dieser Stelle davon aus, dass Sie selbst profitabel handeln, so wird das auch Ihr Roboter tun. Was bedeutet das für Sie? Sie hätten den Jackpot geknackt!

Sie können sich zurücklehnen und sich anderen Dingen widmen. Ganz ohne Sorge, dass Ihnen das Geld ausgeht. Denn das wird Ihr Trading-Roboter für Sie erwirtschaften. Alles, was Sie noch zu tun haben, ist, hin und wieder die Wartung des Systems durchzuführen. Das ist eine Aufgabe, die Ihnen nichts und niemand streitig machen kann.

#41 … weil Trader keine Krawatten tragen müssen

»Ein Mann muss keine Krawatte tragen, um elegant auszusehen. Sie ist nicht mehr als ein dekoratives Detail.«

Giorgio Armani

Das Thema Krawatte spaltet den männlichen Teil der Belegschaft seit vielen Jahren. Ist sie Pflicht oder ist sie Option? Darf, kann oder soll ich eine Krawatte tragen? Viele Fragen und viele Unsicherheiten sind mit diesem eigentlich unbedeutenden Kleidungsstück verbunden. Wobei der Begriff Kleidungsstück nicht ganz zutreffend ist. Schließlich ist die Krawatte beim besten Willen nicht dazu geeignet, unsere Blöße zu bedecken, so wie es andere Kleidungsstücke ja tadellos vermögen. Nein, die Krawatte ist vielmehr ein Accessoire, ein Anhängsel – im wahrsten Sinne des Wortes. Und wie es so ist mit Anhängseln – nicht jeder will eines.

Die Krawatte im Job: Pflicht oder Kür?

War die Krawatte noch bis in die 1990er-Jahre Pflichtprogramm in den Unternehmen, so ist sie heute nicht einmal mehr durchgängig in den Chefetagen anzutreffen. Statt Zwang zur Krawatte besteht mittlerweile eher eine spielerische Freiheit im Umgang mit ihr.

Allerdings birgt diese spielerische Freiheit auch eine gewisse Gefahr in sich, wie der Blick auf einige eher ausgefallene Muster offenbart. Wo alles erlaubt ist, wird eben auch alles getragen. Oftmals ist diese Freiheit eher informeller Natur. So gibt es Mitarbeiter in Unternehmen, die am Morgen in voller Ausrüstung erscheinen, nur um die Krawatte in dem Moment abzulegen, in dem sie merken, dass der Vorgesetzte heute oben ohne erschienen ist. Wenn keine konkreten Regeln gelten, muss eben improvisiert werden.

Was dem einen der Vorgesetzte, ist dem anderen der Kunde. So hängen in unzähligen Schränken bereits fertig gebundene Krawatten, die nur darauf warten, zum Einsatz zu kommen, wenn sich unangekündigt ein Besucher oder Kunde nähert. Dass diese Krawatten nach langjähriger Aufbewahrung besser niemals wieder das Licht der Öffentlichkeit erblicken sollten und durch modische Fragwürdigkeit einen oftmals falschen Eindruck über den jeweiligen Träger vermitteln, soll hier nur der Vollständigkeit halber erwähnt werden.

Wie auch immer wir die Sache betrachten, die Krawatte fristet ein kümmerliches Dasein im Berufsleben – zu Recht?

Die Krawatte – ein Plädoyer

Machen wir es kurz: Im Trading benötigen Sie natürlich keine Krawatte. Nicht einmal in den Handelsabteilungen der Institutionellen wird noch durchgängig darauf Wert gelegt. Warum auch? Im schlimmsten Falle liegt sie im Eifer des Geschäfts auf den falschen Tasten. Also weg damit!

Obwohl ich persönlich Krawatten durchaus schätze. Nicht weil ich es gerne eng am Hals mag, nein. Um sie als Accessoire zu tragen. Um Farbe ins Spiel zu bringen. Um auch einmal ein modisches Statement abzugeben. Schließlich können Männer im dunklen Anzug mit weißem Hemd sonst nicht wirklich viel zur Farbigkeit im Berufsalltag beitragen. Bewege ich mich also im Rahmen einer Veranstaltung vor Publikum, rechnen Sie besser damit, mich mit Krawatte anzutreffen.

Es gibt aber auch noch einen weiteren Grund. Es geht im Endeffekt nicht darum, sich ein buntes Stück Stoff um den Hals zu hängen, sondern darum, sich gut zu kleiden. Wer sich gut kleidet, geht zunächst einmal respektvoll mit sich selbst um und tut sich etwas Gutes. Wobei natürlich Sie in erster Linie entscheiden, was Sie als gut gekleidet empfinden.

Wenn wir uns aber nicht nur für uns selbst gut kleiden, sondern auch dann, wenn wir mit anderen zusammenkommen, tun wir das auch, um den anderen zumindest ein Stück weit zu gefallen. Durch gute Kleidung zeigen wir den anderen schließlich auch, dass sie schätzen und uns für sie in Schale werfen.

Damit erfüllt gute Kleidung und somit auch eine geschmackvolle Krawatte gleich zwei Funktionen der Wertschätzung. Wertschätzung für uns, indem wir uns etwas Gutes tun, und Wertschätzung gegenüber den anderen, indem wir ihnen zeigen, was sie uns wert sind.

Es steckt doch einiges mehr in der Krawatte, als den meisten vielleicht bewusst ist. Wenn Sie also überlegen, ob Sie mal wieder zur Krawatte greifen sollten oder nicht, kann ich Sie nur ermutigen. Spielen Sie mit der Freiheit, die Ihnen gegeben ist. Tragen Sie Krawatte! Nicht weil Sie müssen, nein. Weil Sie wollen! Das macht den Unterschied.

#42 … weil Trader weder akquirieren noch verhandeln müssen

»Das Einzige, was stört, ist der Kunde.«

Edgar K. Geffroy

Wir alle kennen die Situation. Da gibt es ein Produkt oder eine Dienstleistung, die uns interessiert. Eigentlich ist alles perfekt bis auf ein kleines, aber entscheidendes Detail – der Preis. »Da lässt sich doch bestimmt noch etwas machen, oder?«, denken wir uns. Und schon starten wir unsere Preisverhandlung mit dem Verkäufer.

Vom Jäger und Sammler zum modernen Kunden

Der Mensch ist ein Schnäppchenjäger. Wir alle versuchen, für unser Geld das Beste und möglichst viel davon zu bekommen. Das scheint auf den ersten Blick normal und ist es auch. Wer will schon mehr bezahlen, als er muss? Die Schnäppchenjagd steckt in uns, und das schon seit Urzeiten.

Tatsächlich waren wir Menschen schon immer darauf aus, unseren Lebensstandard mit so wenig Aufwand wie möglich zu verbessern. Je weniger Kraft und Energie wir in diesem Sinne aufwenden mussten, um unsere Nahrung zu erhalten, umso besser war es. Denn es machte durchaus Sinn, Nahrung bevorzugt dort zu suchen, wo das eigene Leben am wenigsten riskiert werden musste. Gab es dann einen leichten und gefahrlosen Jagderfolg, war die Freude groß – und die inneren Belohnungssysteme wurden entsprechend aktiviert.

Sobald wir einen Erfolg erzielen, der uns das Leben leichter macht oder einen Vorteil gegenüber anderen verschafft, erleben wir immer noch die gleiche Freude und Euphorie wie unser weit entfernter Vorfahr. So gehen wir auch heute noch gerne auf die Jagd – die Schnäppchenjagd.

Was uns wieder zu unserer Ausgangsituation bringt. Wer eine Preisverhandlung beginnt, versucht, sich einen Vorteil zu verschaffen. Meist zum Leidwesen des Verkäufers, der naturgemäß am anderen Ende der Gefühlsskala steht. Jedes weitere Zugeständnis im Preis verringert sein Wohlgefühl. Es wird so lange um den Preis verhandelt, bis entweder ein Gleichgewicht geschaffen ist, in dem beide Seiten ihren Wohlfühlpunkt erreicht haben, oder bis einer das Handtuch wirft und entnervt aufgibt. Was im Regelfall der Verkäufer ist, zugegeben.

Freiwillig kommt er nicht: König Kunde

Es gibt noch einen weiteren Punkt, der den Umgang mit Kunden zuweilen zu einem echten Geduldsspiel macht: die Akquise. Diejenigen Leser, die selbst vertrieblich tätig sind oder waren, wissen, was ich meine. Die gängige Regel aus vielen Verkäuferschulungen, dass jeder weitere Anruf die Terminvereinbarung mit dem Wunschkunden in greifbare Nähe rückt, ist oftmals nur motivierendes Wunschdenken und im Ergebnis dem Gesetz der großen Zahl geschuldet. Irgendwann muss es eben einfach klappen. Was aber für ein Kraftaufwand hinter dem tatsächlichen Akquiseerfolg steckt, das bleibt in der Praxis häufig unerwähnt.

Dabei ist es unerheblich, ob der Vertrieb für ein Produkt oder eine Dienstleistung erfolgt. Vor den Erfolg haben die Götter immer den Schweiß gesetzt. Ist dann ein Termin vereinbart, so ist das zwar ein schöner Teilerfolg, verkauft ist aber immer noch nichts. Denn das Verkaufsgespräch findet nach der Kundenakquise statt. Und erst jetzt wird über das zu tätigende Geschäft verhandelt – mit ungewissem Ausgang.

Verkauf ohne Akquise, Kauf ohne Verhandlung

Wie gut haben wir Trader es doch! Wir können nach Lust und Laune kaufen und verkaufen, ohne auch nur im Ansatz mit einem anderen in Kontakt treten zu müssen. Weder dass wir selbst zum Hörer greifen müssen, um einen geeigneten Abnehmer für unsere Wertpapiere zu finden, noch dass wir selbst entsprechende Anrufe mit einem vermeintlich unwiderstehlichen Angebot erhalten.

Die Akquise der Trader ist die Marktbeobachtung. Unsere Frage in diesem Sinne lautet: »An welchem Punkt kann ich meine Papiere bestmöglich verkaufen?«

Natürlich an dem Punkt, an dem die meisten Käufer auch kaufwillig sind. Hoch oben in der Rally. Aus diesem Grund verkaufen Profis ihre Positionen auch in steigende Kurse. Das ist unsere Akquise. Das Schöne dabei ist, dass die Abnehmer sich hier förmlich aufdrängen und in den zu zahlenden Preisen sich gegenseitig überbieten.

Es gibt keine frustrierenden Versuche, bis endlich einer zusagt, keine Türsteher, die den Zugang zum Ansprechpartner bewachen. Nichts von alledem. Ganz im Gegenteil. Wo die Preise steigen, wollen alle dabei sein. Dann ist es fast schon egal, ob unser Angebot zu einem anrüchig hohen Preis erfolgt – in einer Hausse ist der Preis am Ende Nebensache. Dabei sein ist alles. Wo, außer an der Börse, gibt es das bitteschön sonst noch?

Wenn wir auf der anderen Seite als Käufer einsteigen wollen, warten wir im Umkehrschluss auf fallende Kurse. Ganz bequem können wir uns zurücklehnen und abwarten. Das ist das Schöne am Trading. Wir können ohne weitere Verhandlung darauf warten, dass der Markt freiwillig mit dem Preis heruntergeht. Ohne Zugeständnisse, ohne Einwände. Wir müssen nur geduldig sein und darauf warten, dass all diejenigen das Handtuch werfen, die im Laufe der Verhandlung beim Preis nachgeben – und billiger verkaufen, als sie eigentlich wollen. Denn bei fallenden Marktpreisen ziehen die meisten Menschen das Ende mit Schrecken der endlosen Qual vor.

Dann schlägt unsere Stunde – die Stunde der professionellen Trader!

#43 … weil Trader keinen Stress haben

»Morgen ist meist der stressigste Tag der Woche.«

Laut einer Studie der Techniker Krankenkasse aus dem Jahr 2016 fühlen sich von rund 1200 Befragten mehr als 60 Prozent gestresst. Die Ursachen hierfür sind vielfältig. Häufige Gründe für Stress fanden sich im Job, in der eigenen Familie. Und auch in der Freizeit hörte der Stress nicht auf. Die meisten Leser kennen diese Situation wahrscheinlich aus eigenem Erleben. So wird gerade dieser Dreiklang in Zeit- und Selbst-Management-Seminaren zum wichtigen Diskussionspunkt gemacht: Job – Familie – Freizeit.

Stress im Job, Stress in der Freizeit

Dass die Familie ab und an Stress verursacht, ist ein altbekanntes Phänomen, das sich in der Urlaubszeit und um Weihnachten herum immer besonders gut zeigt. Natürlich können wir uns leicht vorstellen, dass nach einem anstrengenden Arbeitstag das Eingehen auf die Bedürfnisse der Familie und das damit verbundene Zurückstellen der eigenen Wünsche gelegentlich an den Nerven zerrt.

Sprechen wir es deutlich aus: Der Tag hat nur 24 Stunden. Und in dieser Zeit versuchen wir, möglichst viel unter einen Hut zu bekommen. Volle Leistung am Arbeitsplatz, volles Spaßprogramm mit der Familie und das neue Buch will auch noch gelesen werden nach dem Sport und der Hausarbeit. Zum Schluss noch ein wenig

Schönheitsschlaf – und morgens geht der ganze Zirkus wieder von vorn los. Immer und immer wieder.

Wer zusätzlich auch zu Hause für den Job erreichbar sein muss, legt beim Thema Stress noch einmal eine Schippe obendrauf. Tatsächlich fühlen sich 76 Prozent aller Befragten durch die permanente zusätzliche Erreichbarkeit gestresst.

Dabei hört sich das doch eigentlich gut an: »Das mache ich von zu Hause aus ...«, »Schick mir das mal eben rüber, das mache ich dann, wenn die Kinder im Bett sind« – mit dem Ergebnis, dass der Job immer präsent ist. Im Büro, in der Familie, in der Freizeit: »Nur mal eben die Mails checken ...«

Wenn dann noch hohe Ansprüche an sich selbst hinzukommen, ist der giftige Cocktail der Selbstausbeutung perfekt.

Die persönlichen Finanzen, das ewige Sorgenkind

Neben dem Spagat zwischen Beruf und Familie gibt es noch einen weiteren Stressfaktor, der die Menschen belastet: die persönlichen Finanzen. Ganze 19 Prozent der Befragten gaben finanzielle Sorgen als Stressfaktor an. Als ob das Leben nicht schon anstrengend genug wäre! Über die Gründe für finanzielle Sorgen lässt sich an dieser Stelle nur spekulieren, doch es erscheint offensichtlich, dass Einnahmen und Ausgaben in einem unerwünschten Missverhältnis stehen.

Die Frage, die an diesem Punkt gestellt werden muss, ist, wie diese finanziellen Sorgen bewältigt werden können, wenn die Menschen ihr festes Einkommen haben, sich auf das Nötigste beschränken und dabei noch den Gürtel enger schnallen.

Wo keine großen Steigerungen des eigenen Einkommens zu erwarten sind, kann nur noch an der Ausgabenseite variiert werden. Aber auch da sind einfach gewisse Grenzen gesetzt. Keine Frage, das Thema der persönlichen Finanzen ist ein Stressor, der viele Menschen beunruhigt.

Stressfrei im Trading?

Die gute Nachricht ist, dass wir Trader die Einnahmenseite frei skalieren können. Natürlich kann ein kleines Handelskonto zunächst auch nur kleine Gewinne abwerfen. Wer also seine Einnahmen nach oben schrauben will, muss zunächst sein Handelskonto vergrößern.

Die Rechnung hierzu geht wie folgt: Mit wachsendem Handelskonto steigt das absolute einzugehende Risiko. Mit einem adäquaten Chance-Risiko-Verhältnis steigt auch der zu planende absolute Gewinn. Wer also immer 1 Prozent im Risiko ist, hat mit einem Konto in Höhe von 10.000 Euro ein Risiko von 100 Euro und 1000 Euro Risiko mit einem Konto in Höhe von 100.000 Euro. Es ist immer 1 Prozent, doch der eingesetzte Betrag hat sich verändert und in diesem Verhältnis verändern sich auch die Gewinne.

Finanzielle Unsicherheit sollte also nicht aufkommen, solange wir profitabel handeln und unser Kapital beschützen. Doch wie sieht es mit den anderen Stressfaktoren aus? Schließlich ist auch Trading ein Beruf. Kann uns Trading stressen?

Ohne Umschweife: Ja! Denn im Trading müssen wir immer hellwach sein und stehen unter permanentem Entscheidungs- und Handlungsdruck. Wir müssen immer wieder mit ansehen, wie der Markt gegen uns läuft, und trotzdem cool bleiben. Wir müssen erdulden, dass wir Verluste erleiden, ohne dabei unsere Strategie infrage zu stellen. Und wir müssen damit umgehen, dass wir Gewinne erzielen, die noch viel größer hätten ausfallen können, wenn wir nicht aus der Position ausgestiegen wären.

Alle diese Faktoren verursachen Stress, je nach Typ auch in einem hohen Maße. Der Unterschied zum Stress in einem anderen Beruf ist, dass wir uns diesem Stress jederzeit entziehen können. Position geschlossen, Rechner aus – Stress weg. Damit können wir unseren Stresslevel zumindest selbst steuern und unter Kontrolle halten.

Und wer seinen Job im Trading gut macht, ist auch schneller fertig – und hat Zeit für die Familie. Hat Zeit für die Dinge, die er im Privaten noch machen will. Hat Zeit für sich.

Zu guter Letzt noch ein weiterer Gedanke: Natürlich sind auch Trader von der Sucht befallen, immer und ständig mobil erreichbar zu sein. Was dem einen die E-Mails sind, sind dem anderen die Kurse. In beiden Fällen hilft nur abschalten. Im wahrsten Sinne des Wortes. Warum auch nicht? Positionen, die über Nacht im Markt sind, sind mit Stop-Loss und Gewinnlimit gut abgesichert. Den Rest macht der Markt auch ohne Hilfe vom Sofa. Und E-Mails können nun wirklich morgen beantwortet werden. Schließlich sollen andere ja nicht unnötig von uns gestresst werden.

#44 … weil Trader nicht im Stau stehen

»Solange man der Erste im Stau ist,
ist das alles gar nicht so schlimm.«

Viele Menschen sind für ihren Beruf auf das Auto angewiesen. Entweder, um hin- und herzupendeln, oder weil die berufliche Tätigkeit unmittelbar mit einer Reisetätigkeit verbunden ist. Dabei ist Autofahren zuweilen eine äußerst nervenaufreibende Angelegenheit. Nicht nur, dass die anderen Mitbewerber um den Platz auf der Straße nicht so gut Auto fahren können wie man selber, sondern, weil es oftmals erst gar nicht zum Fahren kommt. Weil statt flüssiger Fortbewegung das Verharren im Stau den Arbeitsweg bestimmt.

Ein Leben im Stau

So weist der ADAC in seiner Staubilanz für das Jahr 2015 eine Gesamtzahl von 568.000 gemeldeter Staus aus. Mehr als eine halbe Million Staus pro Jahr, Tendenz steigend. Damit verbringen die Menschen rund 341.000 Stunden ihrer Lebenszeit im Stau.

Der Grund hierfür ist einfach: Es wird einfach mehr gefahren. Und wo mehr gefahren wird, erhöht sich die Zahl der Unfälle. Konkret waren für 2015 fast 10 Prozent aller Staumeldungen auf Unfälle zurückzuführen. Neben einer hohen Anzahl von Baustellen, versteht sich. In der Praxis kommt beides oftmals gleichzeitig vor. Dann geht gar nichts mehr.

Unter diesem Aspekt wird der An- und Abfahrtsweg für jeden Pendler, der sich von außerhalb der Stadt in deren Mitte bewegt, zu einem unberechenbaren Glücksspiel. Im Laufe der Zeit haben sich deshalb verschiedene Taktiken herauskristallisiert, um dem täglichen Wahnsinn auf den Straßen weitestgehend aus dem Weg zu gehen.

So sind im Regelfall immer die Kollegen zuerst am Arbeitsplatz, die den weitesten Anfahrtsweg haben. Warum? Um möglichst vor allen anderen durchzukommen und auf keinen Fall im Stau stehen zu müssen. Wenn der Tag früh beginnt, kann er auch früh enden. Muss er auch. Denn wer zu spät losfährt, bleibt wieder stecken.

So wird das tägliche Leben nicht nur von den Bürozeiten, sondern insbesondere von den Stauzeiten bestimmt. Nicht die Frage, ob ich morgens einen Termin wahrnehmen oder in ein Meeting gehen muss, entscheidet meinen Arbeitsbeginn, auch nicht die Arbeitszeit im Unternehmen. Nein, die Verkehrslage bestimmt den Anfang und Ende des Arbeitstages. So überrascht es auch nicht, dass der Arbeitstag mit einem ausgiebigen Frühstück begonnen wird – nicht zu Hause, sondern am Arbeitsplatz. Wie soll es auch anders gehen, wenn man zu nachtschlafender Zeit zur Arbeit aufbricht?

Kein Arbeitsweg, kein Stau

Für Trader ist der Arbeitsweg im Regelfall sehr überschaubar. Die meisten privaten Händler bewegen sich in den eigenen vier Wänden. Einen Stau suchen wir hier vergeblich. Das hat viele Vorteile. Denn wenn der Arbeitsweg sich auf den Gang von einem Raum zum anderen beschränkt, bleibt mehr Zeit für anderes. Wer schon einmal im Heimbüro gearbeitet hat, wird mir sicherlich zustimmen.

Das Aufstehen findet zu einer angemessenen Zeit statt. Wer sich zu den Frühaufstehern zählt, findet vielleicht noch Zeit für eine Joggingrunde oder den Gang mit dem Hund um den Block.

Alle anderen können das alternativ bequem in der Mittagspause erledigen. Das Frühstück kann in Ruhe eingenommen werden – zur Not wandert die Kaffeetasse eben mit nach nebenan. Im Endeffekt beginnt der Tag im Leben eines Traders einfach ruhiger und stressfreier.

Wer morgens keinen langen Arbeitsweg zurücklegen muss, kann seine produktive Wachzeit effizienter nutzen, entweder für persönliche oder für berufliche Belange. Ob es nun die morgendliche Marktanalyse oder das Studium der Klatschspalten ist. Diese gewonnene Zeit gehört Ihnen und steht Ihnen zur freien Verfügung.

Was am Morgen gilt, gilt natürlich auch am Nachmittag – und wer will nach einem anstrengenden Arbeitstag nicht schnell in den Feierabend? Ist der Trading-Tag beendet, können wir einfach den Raum wechseln. Voilà – Feierabend.

Die persönliche Zeitersparnis ist natürlich immer individuell und hängt von den örtlichen Gegebenheiten ab. Doch es dürfte nicht überraschen, wenn viele Menschen gute zwei Stunden am Tag damit verbringen, um im Stau zu pendeln.

Nun fragen Sie sich selbst: Welchen persönlichen Gewinn an Lebensqualität würden Ihnen zwei zusätzliche Stunden am Tag ermöglichen?

#45 … weil Trader sich auf den Montag freuen

»Die ersten 24 Stunden des Montags sind immer die schlimmsten.«

Wer sich im Internet nach lustigen Sprüchen zum Begriff »Montag« umschaut, wird ausnahmslos Sprüche finden, die das Bedauern über den Wochenbeginn wiedergeben. Keine Überraschung, steht der Montag doch im allgemeinen Empfinden für den neuerlichen Beginn des grauen Alltags.

Vorbei sind die beiden Tage der freien Entfaltung und Entspannung. Am Montagmorgen geht es wieder rein in die Tretmühle. In den Alltag. Und selbst am Montagabend ist immer noch so viel von der Woche übrig …

Unter diesem Aspekt überrascht es auch nicht, dass der Montag mit Abstand der Tag ist, an dem sich die meisten Arbeitnehmer krankmelden. Übrigens ganz im Gegenteil zum Freitag. Schließlich fängt am Freitag schon das Wochenende an. Wer will da ernsthaft krank sein? Hat man doch die ganze Woche auf das wohlverdiente Wochenende hingearbeitet. Nein, da kann man nun wirklich nicht krank sein. Dafür ist der Montag da.

Die Qual der Arbeit – die Freude der Freizeit

Wir brauchen nicht lange zu überlegen, wenn wir nach den Gründen fragen, warum für viele Menschen das Leben erst am Wochenende beginnt. Wie wir schon an anderer Stelle festgestellt haben, ist für viele Menschen die tägliche Arbeit eher ein Mittel zum Zweck. Die Arbeit ist ein lästiges Übel. Insbesondere dann, wenn der eigene Beruf keiner inneren Berufung folgt. Dann wird jede Minute im Job als bloße Verschwendung des eigenen Lebens betrachtet und man bewegt sich wie in einer Parallelwelt. Irgendwie ist man da, aber gehört doch nicht ganz dahin.

Erst am Wochenende wendet sich das Blatt und man ist wieder ganz bei sich. Ganz bei den Dingen, die einen selbst interessieren. Bei den Tätigkeiten, für die man sich begeistern kann und für die man brennt. Im Regelfall also für das Hobby. Auch darüber haben wir bereits gesprochen.

Wo die Freude an der Freizeit besonders groß ist, ist das Ärgernis über deren Ende umso größer. Aber es hilft ja nichts. Schließlich müssen wir alle unsere Brötchen verdienen – auf die eine oder andere Weise.

Endlich Montag!

Ganz anders bei uns Tradern. Natürlich freuen auch wir Trader uns auf unser ebenfalls wohlverdientes Wochenende. Ihnen etwas anderes weismachen zu wollen, wäre schlicht verwegen.

Auch wir schätzen unsere freien Tage, aber aus einem anderen Grund, als das bei vielen anderen berufstätigen Menschen der Fall ist. Wo wir uns die gesamte Woche über ohnehin mit dem beschäftigen, was wir lieben – oder was uns zumindest Spaß macht –, haben wir am Wochenende Raum für andere Dinge, die wir ebenfalls gerne machen.

Der Unterschied liegt darin, dass wir uns unter der Woche immer dafür entscheiden müssen, worauf wir unsere Aufmerksamkeit lenken. Entweder das Trading oder eine andere Sache. Gerade für Intraday-Händler ist das wichtig, schließlich müssen sie ihre Entscheidungen in hoher Geschwindigkeit treffen und umsetzen. Jede Ablenkung verzögert diesen Prozess und kostet wertvolle Performance. Die Beschäftigung mit anderen Dingen ist deshalb auch für Trader, genauso wie für andere Berufstätige, unter der Woche eher untergeordnet.

Deshalb also freuen auch Trader sich auf das Wochenende, keine Frage. Am Wochenende entfällt die Notwendigkeit, die Kurse zu verfolgen und Entscheidungen zu treffen. Was uns Raum gibt für die Dinge, die wir ebenfalls gerne machen. Schließlich haben auch Trader Hobbys.

Der Unterschied zwischen Tradern und anderen ist am Sonntagabend jedoch groß. Wo die einen ihre schlechte Laune bereits am Sonntagabend pflegen, um diese bis zum Montagmorgen auf Höchstniveau zu bringen, haben Trader am Sonntagabend beste Laune. Warum auch nicht? Es ist ein freier Abend, es gibt nichts zu tun, außer die Freizeit zu genießen – und sich auf den Montag zu freuen.

Denn am Montag können wir wieder traden. Am Montag können wir in aller Frühe unsere Handelsideen umsetzen. Am Montag können wir wieder in die Arena steigen und uns mit unseren Kollegen auf der ganzen Welt messen. Am Montag können wir wieder Geld verdienen. Und am Montag können wir wieder unserer Berufung nachgehen. Können machen, was wir lieben. Endlich Montag!

#46 … weil Trader von Wechselkursschwankungen profitieren

»Wer den Dollar nicht hat, wenn er zurückgeht, hat ihn auch nicht, wenn er wieder steigt.«

André Kostolany

Deutschland ist Weltmeister! Nicht nur im Fußball. Nein, auch im Export. Wir sind regelmäßig Exportweltmeister, und das schon seit Jahren. So steigen die Exportüberschüsse Deutschlands kontinuierlich, wobei sich der Anteil der Warenexporte am Bruttoinlandsprodukt von rund 20 Prozent in den 1990er-Jahren auf mehr als 45 Prozent im Jahr 2014 gesteigert hat. Damit macht im Jahr 2014 der Export von Waren und Dienstleistungen rund 39 Prozent des gesamten Bruttoinlandsproduktes aus.

Wer sind unsere Hauptpartner? Zuallererst natürlich die EU als Ganzes mit einem Anteil von 58 Prozent. Damit gehen 42 Prozent aller Exporte ins außereuropäische Ausland, wovon die USA und China mit einem Anteil von insgesamt 15,1 Prozent eine entscheidende Rolle spielen.

Wo exportiert wird, da wird natürlich auch importiert. So wurde das deutsche Bruttoinlandsprodukt in 2014 mit 39,1 Prozent von Importen bestimmt, wobei der Großteil davon aus den europäischen Nachbarländern kam.

Der Abwertungswettlauf

Warum zeige ich Ihnen diese Daten auf? Zum einen, um deutlich zu machen, dass wir in Deutschland in einem hohen Maße vom Export abhängig sind, zum anderen, um zu zeigen, dass der Wechselkurs eine entscheidende Rolle dabei spielt. Denn gerade im Zuge des Verfalls des Euro auf rund 1,04 US-Dollar im Dezember 2016 haben sich die Exporte Deutschlands für die außereuropäischen Abnehmerländer massiv verbilligt.

Wenn wir über große Volumen beispielsweise im Maschinenbau nachdenken, wann werden diese wohl am ehesten investiert? Was meinen Sie? Richtig, wenn es besonders günstig ist! Gut für die Exporteure, gut für die Unternehmen, gut für die Mitarbeiter. Durch Umsatz- und Gewinnwachstum ist das auch gut für die Aktionäre und durch steigende Steuereinnahmen zu guter Letzt auch gut für den Staat. Warum also Trübsal blasen und mit dem Schicksal hadern?

Weil die Gleichung immer zwei Seiten hat. Wenn Exporte günstiger werden, werden Importe teurer. Das können beispielsweise für die Produktion benötigte Rohstoffe oder einfach auch Konsumgüter sein. Und wenn Importe teurer werden, werden sie natürlich tendenziell weniger gekauft. So verzeichnete die schweizerische Juwelier- und Uhrenbranche für 2016 eine Rücksendungsquote von rund 30 Prozent unverkaufter Ware. Ware, die nun anderweitig vermarktet werden muss. Das geschieht meistens über den Preis.

Was also tun, um Produktion, Absatz und damit auch Arbeitsplätze zu erhalten? Eine Lösung ist abwerten. Die eigene Währung verbilligen, indem man beispielsweise die Zinsen senkt. So, wie es in Europa und eigentlich der ganzen Welt seit Jahren geschieht. Werden beispielsweise in den USA die Zinsen gesenkt, so ist es sehr wahrscheinlich, dass Europa nachzieht. So nimmt der Abwertungswettlauf seinen Gang.

Das Zusammenspiel von Exporten, Importen und den Wechselkursen ist auf makroökonomischer Ebene im akademischen Sinne sicherlich interessant, aber für den einzelnen Menschen im Alltag wenig greifbar. Konkreter spürbar ist dieser Zusammenhang, wenn Sie sich ein Hemd Ihres amerikanischen Lieblingsdesigners kaufen wollen. War das im letzten Jahr nicht noch etwas günstiger? Hat das im letzten USA-Urlaub umgerechnet nicht einiges weniger gekostet?

Überhaupt, wir Deutschen sind auch Reiseweltmeister, immer viel unterwegs, auch und insbesondere in Übersee. Gibt es da nicht auch Regionen, die noch echte Schnäppchen sind? Wo wir noch so richtig nach Lust und Laune shoppen können?

Was das Warenangebot angeht, können wir diese Frage mit einem klaren »Ja« beantworten. Ob das Shoppen aber immer noch so viel Spaß macht, nachdem wir in die eigene Währung umgerechnet haben, ist mittlerweile fraglich. Denn mit einem niedrigeren Euro entpuppt sich heute so manches vermeintliche Schnäppchen als teure Investition.

Wechselkurse: Warum nicht von den Schwankungen profitieren?

Als Trader können wir wirklich überall positive Seiten entdecken. Auch beim Thema Wechselkurse. So ist der Handel von Währungspaaren eine eigene Disziplin im Trading und die Forex-Trader können diese rund um die Uhr handeln. Was wollen wir noch mehr?

Nun müssen Sie nicht gleich zum Forex-Trader werden, aber ein paar Ideen will ich Ihnen dennoch aufzeigen. Nehmen wir als Beispiel Ihren nächsten Urlaub. Angenommen, Sie planen eine Reise in die USA.

Sie können jetzt natürlich direkt eine Position im Euro/US-Dollar eröffnen, um Ihr Reisebudget einzufrieren. So haben Sie zwar eine konkrete Kalkulationsgrundlage, wie es viele Unternehmen ebenfalls machen, doch über die Sinnhaftigkeit kann man im Rahmen eines normalen Reisebudgets streiten. Sie können aber auch einfach im Vorfeld Ihrer Reise immer dann Bargeld umtauschen, wenn der Kurs günstiger für Sie steht. Ihr Gewinn wird zwar nur marginal sein, aber Sie haben immerhin das gute Gefühl, den Wechselkursschwankungen nicht hilflos ausgeliefert zu sein.

Es gibt neben dem Forex-Handel noch einen anderen Aspekt, den ich Ihnen näherbringen möchte: das Aktieninvestment in Übersee. Es gibt viele wirklich gute und interessante Unternehmen in den USA.

Nehmen wir einmal an, Sie haben sich für eine mittel- oder langfristige Investition im amerikanischen Aktienmarkt entschieden. Diese Investition läuft selbstverständlich in US-Dollar. Um sicherzustellen, dass Ihre erwarteten Kurssteigerungen nicht durch Kursschwankungen eliminiert werden, können Sie entweder durchgängig Ihre Position im Währungsmarkt absichern oder Sie handeln bewusst die Schwankungen im Währungspaar, um dabei noch einen Zusatzgewinn zu erwirtschaften.

Zu guter Letzt können Sie als Trader aber auch gleich komplett auf den Markt mit der höher bewerteten Währung wechseln. Wenn Sie beispielsweise als Intraday-Händler nicht den DAX®, sondern den Dow Jones oder auch die großen Währungspaare handeln, wird Ihr Gewinn nicht in Euro ausgewiesen, sondern in US-Dollar. Auf diese Weise sind Sie frei von den Sorgen, ob der Euro aktuell genügend Kaufkraft für Sie bietet. Sie verdienen nämlich Ihr Gehalt in US-Dollar.

#47 … weil im Trading zwei Meinungen zwei Gewinner ergeben

»Wenn zwei Menschen immer wieder die gleichen Ansichten haben, ist einer von ihnen überflüssig.«

Winston Churchill

Wenn Sie mit einem Gesprächspartner eine Diskussion über ein beliebiges Thema führen, werden Sie sehr schnell feststellen, dass sich meistens zwei Meinungen gegenüberstehen. Ihre und die Meinung des anderen. Das ist völlig normal und letztlich auch Kern einer Diskussion. Nur so können schließlich Gedanken ausgetauscht werden, was unseren Horizont auch erheblich erweitern kann. Also, nichts gegen eine gepflegte Diskussion.

Bei Diskussionen gibt es aber noch einen weiteren Aspekt zu betrachten. Dadurch, dass zwei verschiedene Meinungen gegenüberstehen, wird natürlich versucht, den Diskussionspartner durch geschicktes Argumentieren auf die eigene Seite zu ziehen. Es gilt, den anderen von der eigenen Meinung zu überzeugen und damit die Diskussion für sich zu gewinnen.

So stehen am Ende einer Diskussion regelmäßig ein Gewinner und ein Verlierer fest. Zumindest in der Form, dass einer der beiden seine eigene Meinung aufgegeben hat. Wenn nun aber keiner der Diskussionsteilnehmer von seinem Standpunkt abrücken will, wird auch kein Konsens zustande kommen. Stillstand ist die Folge und damit letztlich ein Abbruch der Diskussion.

Zwei Trader – zwei Meinungen – zwei Gewinner?

Stellen wir uns den Börsenhandel an dieser Stelle ebenfalls als eine Diskussion vor. Auch hier gibt es zwei unterschiedliche Meinungen. Praktischerweise, wie ergänzt werden muss. Denn wenn es nur eine Meinung zum Markt gäbe, würde kein Kurs entstehen. Warum? Weil zur Kursbildung immer zwei Parteien gehören. Schließlich bildet der Kurs genau den Punkt ab, an dem sich zwei Parteien mit gegensätzlicher Meinung handelseinig geworden sind. Der eine verkauft, der andere kauft.

In diesem Sinne ist es gut, dass es gegensätzliche Meinungen gibt. Interessanterweise sind im Börsengeschehen ebenfalls beide Seiten vollkommen davon überzeugt, richtig zu handeln. Der Verkäufer ist froh, sich von seinen Beständen zu trennen, genauso wie der Käufer sich über den guten Abschluss freut. Zwei Trader – zwei Meinungen – zwei Gewinner.

Zumindest gefühlt. Denn ob eine Seite im Zuge der Transaktion einen Verlust realisieren musste, können wir an dieser Stelle nicht beantworten. Aber wir können festhalten, dass Kauf und Verkauf in den Augen der Beteiligten richtig war – was beiden letztlich auch einen entsprechenden Nutzen bringt. Also haben wir zumindest in diesem Sinne zwei Gewinner.

Um wirklich einwandfrei feststellen zu können, ob und inwieweit tatsächlich zwei finanzielle Gewinner mit ein und derselben Transaktion entstehen können, müssen wir ein wenig hinter die Kulissen schauen.

Wie Sie wissen, kann Trading über viele verschiedene Zeitfenster stattfinden. Ob Sie sich für den Handel im 1-Minuten-Chart oder im Wochen-Chart begeistern, ist selbstverständlich Ihnen überlassen. Doch egal in welchem Zeitfenster Sie sich bewegen, Sie werden immer auf Ihre Gegenspieler aus allen anderen Zeitebenen treffen. Schließlich gibt es jeweils nur einen Marktplatz.

Wie können wir uns das vorstellen? Nehmen wir an, Sie wollen eine Position aufgrund eines Signals im 1-Stunden-Chart eröffnen.

Vielleicht handeln Sie aufgrund eines Ausbruchs aus einem vorherigen Hochpunkt, was bedeutet, dass Sie kaufen wollen. Um Sie in die gewünschte Position zu bringen, muss der Kurs zunächst an Ihren Einstiegspunkt ansteigen.

Das geschieht nur, wenn bereits vor Ihnen Händler den Kurs durch eigene Käufe hochtreiben. Da Ihr Kaufsignal noch nicht erreicht ist, muss es wohl in anderen Zeiteinheiten ein Kaufsignal geben. Das kann beispielsweise ein Kursrücksetzer sein, der im 5-Minuten-Chart an einer Unterstützung angekommen ist. An dieser Unterstützung steigen vielleicht die ersten Käufer spekulativ ein. Sobald der Kurs zu steigen beginnt, werden andere Käufer hinzukommen und durch ihre Käufe wiederum weitere Käufer anziehen, die den Kurs zusätzlich in Richtung Ihres Einstiegssignals treiben.

Da die eher kurzfristig orientierten Trader in der Regel auch ihre Kursziele kurzfristiger setzen, könnte ein Kursziel beispielsweise an dem Bereich liegen, der einen Widerstand bildet – Ihr Einstiegsbereich. Sobald der Kurs diesen Bereich erreicht, beginnen die ersten Händler, ihre Positionen wieder aufzulösen. Warum auch nicht? Der Gewinn ist gemacht. Nun gilt es, das Geld vom Tisch zu nehmen. Für Kurzfrist-Trader ist ein erfolgreicher Trade also in dem Moment abgeschlossen, in dem er seine Position auflöst. In diesem Fall also, indem er verkauft, was er vorher gekauft hat. Nun benötigt er natürlich einen Käufer, der vollkommen davon überzeugt ist, in genau diesem Moment einen guten Deal einzugehen.

Dieser Käufer sind Sie. Sie werden nach Eröffnung Ihrer Position wahrscheinlich erleben, dass der Kurs nach Durchbruch des Widerstands noch einmal kurz zurückkommt. Das liegt daran, dass aufgrund einiger Gewinnmitnahmen zunächst mehr Positionen geschlossen als eröffnet werden. Erst wenn sich weitere Käufer finden, die den Markt wieder weiter nach oben treiben, beginnen Sie, einen Gewinn aufzubauen – und sind ein Gewinner.

Sie sehen, wir haben in ein und demselben Moment zwei gegensätzliche Meinungen, beide gut begründet und beide im Recht. Sobald die Transaktion getätigt wurde, hat der eine seinen Gewinn bereits realisiert, während der andere zumindest das Potenzial dazu in Händen hält.

#48 … weil Trader in die Zukunft sehen können

»Die Zukunft gehört denen, die die Möglichkeiten erkennen, bevor sie offensichtlich werden.«

Oscar Wilde

Eine alte Trader-Weisheit besagt, dass der Lottoschein immer links ist. Wenn Sie sich einen Chart anschauen, wird ersichtlich, warum. Der Kursverlauf geht immer von links nach rechts. Dementsprechend ist im Nachhinein immer relativ einfach zu erkennen, an welchen Punkten der Markt seine Bewegung verändert und entsprechende Handelssignale erzeugt hat. Und wie es dann eben so ist: Hinterher ist man immer schlauer.

Wenn der Lottoschein links ist, was ist dann auf der anderen Seite?

Wir können leider nicht im Nachhinein handeln, genauso wenig, wie wir rückwirkend Lotto spielen können. Dem Trading wohnt eben doch immer das Wesen der Spekulation inne. Und Spekulation bedeutet, auf ein Ereignis in der Zukunft mit ungewissem Ausgang zu setzen. Doch so im Nebel stochern, wie von vielen vermutet, tun wir im Trading nun auch nicht.

Trading ist Spekulation. Die Spekulation, dass ein von uns erwartetes Ereignis eintritt. Wenn wir auf ein mögliches Szenario in der Zukunft setzen, sind wir zwar überzeugt, dass dieses auch eintritt – ansonsten macht eine Spekulation keinen Sinn –, doch sicher können wir uns nicht sein. Also müssen wir in irgendeiner Art und Weise versuchen, etwas Licht ins Dunkel zu bringen. Wir müssen versuchen, in die Zukunft zu sehen und unser bevorzugtes Trading-Szenario dadurch zu verifizieren.

Tatsächlich hilft uns zur Voraussage der Zukunft der Blick in die Vergangenheit. Unter der Annahme, dass die Geschichte sich wiederholt, können wir aus den Bewegungen der Vergangenheit auf die Bewegungen in der Zukunft schließen.

Obwohl diese Aussage immer wieder angezweifelt wird, steckt doch etwas Wahres darin. Denn in den Märkten agieren Menschen. Und Menschen haben nun einmal ein Gedächtnis. Menschen erinnern sich an ihre Einstiegspunkte, sie erinnern sich an ihre Gewinne und sie erinnern sich insbesondere an ihre Verluste, an ihre Positionsschieflagen und vor allem daran, an welchem Punkt sie diese Schieflagen schmerzlos auflösen können.

Lassen Sie uns an dieser Stelle einmal über Trading-Strategien sprechen. Dadurch, dass Märkte nicht linear verlaufen, sondern in ihren Bewegungen immer wieder korrigieren, gibt es im Grunde nur zwei mögliche Einstiegssituationen. Erstens den Ausbruch aus einem vorher erreichten Hoch bzw. Tiefpunkt einer Bewegung oder den Einstieg im Rahmen der Bewegungskorrektur in der Hoffnung, dass die vorherige Bewegung weitergeführt wird. Also der Handel von Ausbrüchen und Korrekturen.

Die Frage, ob und inwieweit durch diese beiden Herangehensweisen Gewinne oder Verluste entstehen, ist eine Frage der weiteren Marktdynamik und des Managements der eingegangenen Position.

Nehmen wir nun einmal an, dass Sie als Einstiegsstrategie den Ausbruch aus einem vorherigen Hoch wählen. Dazu müssen Sie zunächst in der Vergangenheit ein solches Hoch suchen. Das ist der Blick zurück. Wenn Sie nun davon ausgehen, dass bei gegebener Marktdynamik ein Durchbruch dieses Hochpunktes weitere Käufer anziehen kann, dann ist Ihre Spekulation ein weiter ansteigender Preis. Das ist der erste Blick in die Zukunft.

Wenn Sie nun noch wissen wollen, wie weit der Markt nach Ihrem Einstieg laufen kann, gibt Ihnen die Vergangenheit ebenfalls Auskunft darüber. Denn wenn Sie sich den vergangenen Chart weiter anschauen, sehen Sie vielleicht ein weiteres Hoch, das über Ihrem Einstiegspunkt liegt. An diesem Punkt könnte ein Anstieg zunächst stoppen und ein Widerstand ausgebildet werden.

Warum? Weil es möglicherweise immer noch Käufer gibt, die an diesem Punkt gekauft haben und bis zum Erreichen desselben in einer Verlustposition gefangen waren. Was werden sie machen? Sie werden sich an diesem Punkt von ihrer Position trennen und damit zunächst für Verkaufsdruck sorgen.

Durch die Analyse der Vergangenheit können wir also im Trading einen Blick in die Zukunft wagen und Überlegungen anstellen, was wo mit welcher Wahrscheinlichkeit passieren könnte. So werden sicher einige Trader an dem Punkt des identifizierten Widerstands aussteigen, entweder um Verlustbringer wieder aufzulösen oder um Gewinne zu sichern. Und so wird der angenommene Widerstand wie eine sich selbst erfüllende Prophezeiung zu einem tatsächlichen.

Schauen wir uns an, wie es weitergeht. Beginnen die Abverkäufe, beginnt die Korrektur. An dieser Stelle müssen nun die Käufer beweisen, dass es ihnen ernst ist. Denn wenn sich keine Käufer mehr finden, wird der Kurs weiter fallen und erreicht irgendwann wieder Ihren Einstiegspunkt.

Aus Zukunft wird Gegenwart

Wir wissen auch jetzt schon, welche zwei Szenarien an Ihrem nun von oben erreichten Einstiegspunkt möglich sind.

Hier ist der Blick in die Zukunft. Erste Variante: Es finden sich an diesem Punkt erneut Käufer und der Markt beginnt zu steigen. In diesem Falle hat sich eine Unterstützung gebildet, die nun wieder für die Zukunft Orientierung bietet. Oder, und das ist die zweite Variante, der Markt fällt durch Ihren Einstiegspunkt.

Was werden Sie machen? Hand aufs Herz: Sie werden Ihre Position auflösen. Nachdem Sie bereits einen Buchgewinn hatten, wollen Sie keinen realen hohen Verlust mehr generieren. Und so steigen Sie aus Ihrer Position aus und treiben den Kursverfall weiter voran.

Aber auch für diesen Fall können wir uns in der Vergangenheit anschauen, an welchem Punkt der Kursverfall ein Ende haben könnte. Das wäre beispielsweise der nächste Tiefpunkt, der im Rahmen des Abverkaufs erreicht wird. Wenn damals bereits Käufer zugegriffen haben, besteht eine gute Wahrscheinlichkeit, dass sie es dieses Mal wieder tun. Denn vielleicht gibt es Käufer, die den Anstieg verpasst haben und nun, wo der Markt wieder billiger geworden ist, die Gelegenheit nutzen, um einzusteigen.

Es sind Erfahrungen wie diese, die Menschen dazu bewegen, an markanten Punkten im Markt zu kaufen oder zu verkaufen. Natürlich gibt es noch unzählige Instrumente und Techniken, die Sie nutzen können, um Ihren Blick in die Zukunft weiter zu schärfen.

So können Sie beispielsweise eine Fibonacci-Projektion nutzen, um Kursziele festzulegen, ohne konkrete Hoch- oder Tiefpunkte anzuwenden. Wofür auch immer Sie sich entscheiden, selbst der beste Blick in die Zukunft ist nichts wert, wenn Sie keine Strategie für den Fall haben, wenn Sie falschliegen. Denn in diesem Fall ist Ihre Zukunft ebenfalls deutlich: Sie verlieren mehr Geld, als Ihnen lieb ist!

#49 … weil Trading für jedermann möglich ist

»Einst lebten wir auf dem Land,
dann in Städten und von jetzt an im Netz.«

Mark Zuckerberg

Erinnern Sie sich an früher? Sagen wir an die Zeit vor der Jahrtausendwende? Gab es da eigentlich Trader? Oder gab es eher Anleger und Investoren?

Blicken wir zurück in die »gute alte Zeit«. Früher konnte der Börsenhandel nur über ein Depot bei einer Filialbank abgewickelt werden, was nicht nur zeit-, sondern auch kostenaufwendig war. Denn früher mussten Sie entweder einen Termin mit Ihrem Bankberater vereinbaren, um eine Position zu eröffnen oder wieder zu schließen, oder Sie mussten Ihre Order telefonisch beziehungsweise per Fax abgeben. Da konnte es durchaus etwas dauern, bis Ihre Order an die Börse durchgegeben wurde.

Früher konnten Sie auch keine Finanznachrichten auf Knopfdruck und in Echtzeit empfangen. Nein, Sie mussten die entsprechenden Zeitungen lesen, in denen die Börsenkurse veröffentlicht wurden. Das war teuer und aufwendig.

Apropos teuer: Vergessen Sie nicht die Gebühren! Jedes Mal, wenn Sie früher eine Position eröffnen oder schließen wollten, kostete das verhältnismäßig hohe Gebühren. Wer nur einen kleinen Gewinn mitnehmen wollte, hatte entsprechend schlechte Karten.

Werfen wir noch einen Blick auf die zu handelnden Produkte. Was im Regelfall für den Privatanleger handelbar war, waren Aktien und Fonds. Alles andere war praktisch nicht machbar, zumindest nicht auf eigene Faust. Das bedeutet zu guter Letzt, dass Sie ein entsprechendes wohlgefülltes Depot vorweisen mussten, um überhaupt sinnvoll agieren zu können.

Schöne neue Welt: Trading für jedermann

Wie haben sich die Zeiten mit dem Internet doch verändert. Das Internet hat Dinge möglich gemacht, an die vor einigen Jahren nicht zu denken war. Trading beispielsweise. Denn durch das Internet ist ein schneller und direkter Zugang zu den Märkten möglich. Nicht nur zum eigenen Heimatmarkt, sondern zu allen Märkten weltweit.

Möglich wird das auch deshalb, weil sich im Laufe der letzten Jahre eine Vielzahl an innovativen Finanzprodukten etablieren konnte. Sie müssen heute nicht mehr mit Aktien handeln. Sie können wählen, ob Sie Aktien handeln oder ob Sie ein darauf basierendes Derivat nutzen wollen. So haben Sie die Wahl zwischen unzähligen Zertifikaten mit und ohne Hebel, Optionsscheinen oder auch Contracts for Difference – schlicht CFD. Sie können sogar mit den ehemals nur Profis vorbehaltenen Futures und Optionen handeln, ganz nach eigenem Ermessen.

Sie sind dabei nicht mehr nur auf den Aktienmarkt beschränkt. Nein, Ihnen steht die Welt offen. Sie können nämlich auch Indizes handeln, über Futures beispielsweise. Ganz so, wie es in Banken gehandhabt wird. Sie können auch Rohstoffe handeln, eine Domäne, die früher nur den institutionellen Händlern vorbehalten war. Oder Sie wählen den Devisenmarkt als bevorzugte Spielwiese. War der Devisenmarkt bislang nur für Banken geöffnet, sind Sie heute selbst mit dabei – mit einem Klick.

Heimatmarkt? Das war einmal. Über Online-Broker und Direktbanken können Sie jeden Handelsplatz der Welt ansteuern – bequem von Ihrem Computer. Börsengang an der Nasdaq? Kein Problem, Sie sind dabei. Im Nikkei 225 ergibt sich eine interessante Einstiegsgelegenheit? Sie haben sich positioniert. Dabei können Sie die weltweiten Marktplätze über sämtliche Produktklassen abbilden, ganz nach Anlagehorizont und Strategie.

Die Hebelwirkung: Margin statt grossem Konto

Nicht nur das Internet hat das Trading revolutioniert. Das Trading hat sich quasi selbst revolutioniert. Hausbanken, die früher mit der Orderaufgabe betraut waren, oder auch Broker, die Ihnen immer wieder einmal einen heißen Tipp gaben, sind heute Schnee von gestern. Das Internet hat den direkten Zugang zu Märkten und Informationen möglich gemacht und durch neu aufgekommene Direktbanken und Online-Broker können wir heute unmittelbar am Geschehen teilhaben.

Dabei bedarf es nicht einmal mehr eines großen Handelskontos. Ganz im Gegenteil. Sie können auch mit wenigen Tausend Euro ein Handelskonto eröffnen und im Markt agieren. Sie haben sogar die Möglichkeit, mehr im Markt zu bewegen, als Sie eigentlich vom finanziellen Rahmen her könnten. Möglich wird das über einen Hebel. Ob Sie nun Futures, CFD, Hebelprodukte im Allgemeinen oder Forex – also Devisen – handeln, sie alle verbindet der Handel auf Margin.

Als Margin wird der zu hinterlegende Anteil der Position bezeichnet, den Sie selbst aufbringen müssen. Alles, was darüber hinausgeht, wird vom Broker oder Emittenten bereitgestellt. Dabei gilt: Je höher der Hebel, umso weniger Margin müssen Sie hinterlegen und umso weniger Eigenkapital benötigen Sie.

Was sich zunächst einmal verlockend anhört, birgt leider auch erhebliche Risiken. Natürlich lässt sich durch den Handel auf Margin mit einem kleinen Konto ein Vielfaches am Markt bewegen. Mit dem Effekt, dass entsprechend hohe Gewinne anfallen können. Wichtig ist, immer zu beachten, dass dabei auch entsprechend hohe Verluste entstehen können. Das ist die Kehrseite der Medaille.

Wenn Sie beispielsweise einen Hebel von 10 zugrunde legen, bedeutet das, dass Sie das 10-Fache Ihrer Margin am Markt bewegen. So werden aus 1000 Euro im Markt 10.000 Euro! Angenommen, Sie kaufen nun Aktien im Wert von 10.000 Euro und diese steigen auf einen Wert von 11.000 Euro, so hat die Aktie einen Gewinn von 10 Prozent gemacht. Ihr Gewinn, bezogen auf Ihre hinterlegte Margin, aber beträgt 1000 Euro. Doch wer nun euphorisch wird, bedenke Folgendes: Entsprechend gilt auch, dass Ihre Investition eliminiert ist, wenn sich dieselbe Aktie von 10.000 auf 9000 im Wert verringert!

Das ist der Unterschied zwischen dem ungehebelten Original, der Aktie, und dem gehebelten Derivat: Wo der Aktienbesitzer komfortabel abwarten kann, ist der Derivate-Händler aus dem Spiel. Seien Sie also immer entsprechend risikobewusst, wenn Sie auf Margin und mit Hebel handeln!

#50 … weil für Trader Chancengleichheit besteht

»Jedem Nachteil steht ein Vorteil gegenüber.«

W. Clemens Stone

Was wird in Politik und Gesellschaft nicht alles über Chancengleichheit diskutiert! Da geht es um die Chancengleichheit zwischen Männern und Frauen, Jungen und Alten, Armen und Reichen sowie den Menschen unserer Weltgemeinschaft untereinander. Und so werden Stiftungen, Ausschüsse oder Arbeitskreise gebildet und Empfehlungen sowie Richtlinien ausgesprochen.

Für Bewerber um einen Job wird die anonymisierte Bewerbung ins Spiel gebracht, in den Unternehmen geht es um die Aufstiegschancen der Mitarbeiter und in der Wissenschaft gibt es Fördertöpfe, um eventuelle Ungleichheiten auszubügeln. Der Wunsch nach Chancengleichheit zieht sich wie ein roter Faden durch die Gesellschaft und findet sich in nahezu allen Lebensbereichen wieder. Selbst beim Golf sind die Abschlagspunkte für Männer und Frauen an unterschiedlichen Stellen platziert.

Und tatsächlich gibt es ja Unterschiede zwischen den Menschen. Biologische, kulturelle, soziologische oder sprachliche – aber auch finanzielle Unterschiede. Natürlich ist es richtig, dass der grundsätzliche Anspruch bestehen muss, einem jeden die gleiche Chance einzuräumen. Warum auch nicht? Warum sollte der eine gegenüber dem anderen bevorzugt werden? Am Ende sind wir doch alle Menschen und sollten die gleichen Chancen erhalten.

Doch leider wird dieser Grundsatz in der Praxis nicht überall gelebt. Denn selbst wenn durch Förderprogramme oder Quoten nach außen hin der Anschein erweckt wird, dass Chancengleichheit besteht, schafft sie im Inneren wiederum Ungleichheit. Der Grund liegt in der Sache selbst: Sobald unter dem Gesichtspunkt der Chancengleichheit ein Kriterium als besonders förderungswürdig herausgestellt wird, wird dieses Kriterium automatisch über die anderen gestellt. Das wiederum bedeutet, dass die Menschen, die dieses Kriterium erfüllen, eine Bevorzugung erfahren – zum Nachteil der anderen.

Chancengleichheit im Trading?

Wenn wir die Frage nach der Chancengleichheit auf das Trading übertragen, denken Sie möglicherweise darüber nach, wie das denn gehen soll. Schließlich treten wir im Kampf um die täglichen Punkte insbesondere gegen die Big Boys an. Die Big Boys mit den tiefen Taschen und den fiesen Tricks.

Genauso ist es. Denn im Markt herrschen zwar Unterschiede in der Ausstattung, aber nicht in den Chancen. Lassen Sie mich das vertiefend darstellen. Praktisch jeder Marktteilnehmer kommt mit einer anderen finanziellen Grundlage an den Markt. Der eine hat sich vielleicht ein paar Tausend Euro zusammengespart, die er nun langfristig investieren will, der andere nimmt die Auszahlung seiner Lebensversicherung und wird zum Day-Trader. Oder umgekehrt. Es ist ganz gleich, mit wie viel die Händler in den Markt treten, die Grundvoraussetzungen sind immer gleich.

Denn es gibt nur jeweils den einen Markt. Wenn Sie eine Aktie handeln wollen, handeln Sie exakt die gleiche Aktie, die alle anderen auch handeln. Dasselbe gilt für Indizes, Rohstoffe oder Währungen. Das, was die anderen sehen, das sehen auch Sie in Ihrem Chart – in Echtzeit, zumindest wenn Sie diese Daten abonniert haben.

Wenn es neue Nachrichten gibt, haben Sie die gleichen Möglichkeiten, sie zu empfangen, wie alle anderen auch. Dazu muss fairerweise aber auch gesagt werden, dass Nachrichten frei verfügbar oder kostenpflichtig sind. Der Punkt ist, dass es in Ihrer Wahl steht, welche Art von Nachrichtenportal und -kanal Sie abonnieren und nutzen. Sie haben immerhin die Möglichkeit, auf Augenhöhe mit den Großen zu bleiben.

Dadurch, dass sowohl Marktdaten als auch marktbewegende Nachrichten für alle gleich verfügbar sind, bestehen von dieser Seite definitiv gleiche Chancen. Egal ob Sie nun ein großes oder ein kleines Konto Ihr Eigen nennen.

Darüber hinaus ist es dem Markt schlichtweg gleichgültig, wer oder was Sie sind. Männlein oder Weiblein, groß oder klein, dick oder dünn, ob mit Krawatte oder ohne. Es ist vollkommen egal. Sie besitzen die gleichen Chancen, um im Markt Ihr Glück zu finden, wie alle anderen Marktteilnehmer auch.

VERLUSTE TROTZ CHANCENGLEICHHEIT?

Wenn jedoch alle die gleichen Chancen haben, warum scheitern erwiesenermaßen so viele Händler an der Börse? Der Grund hierfür hat ebenfalls etwas mit Chancengleichheit zu tun.

Im Trading gibt es eben keine Quote, die für eine ausgleichende Gerechtigkeit sorgen soll. Keiner kann sich darauf berufen, dass er gerade anfängt und die anderen bitteschön Rücksicht darauf zu nehmen hätten. Im Trading hat jeder die gleichen Chancen – doch nicht jeder nutzt sie.

Der Startschuss fällt für alle zur gleichen Zeit. Doch wie im richtigen Leben gibt es Menschen, die bestens vorbereitet und perfekt trainiert sind. Und es gibt andere, die meinen, es ginge auch ohne schweißtreibendes Training, ohne die Mühen der Vorbereitung und ohne die Qual des disziplinierten Wartens.

Ja, die Voraussetzungen sind gleich. Doch es liegt an jedem Einzelnen, diese auch für sich zu nutzen und das Beste daraus zu machen. In diesem Sinne hat jeder sein Glück selbst in der Hand. Und so sollte es doch auch sein, oder?

#51 … weil im Trading alle gleich bezahlt werden

»Gleicher Lohn für gleiche Arbeit!«

Kennen Sie den Equal Pay Day? Mit diesem Aktionstag soll auf die bestehende Ungleichheit in der Entlohnung von Männern und Frauen hingewiesen werden. Dass diese tatsächlich besteht, macht eine Berechnung des Statistischen Bundesamts für 2015 deutlich.

So erhielten Männer im Jahr 2015 einen Bruttostundenlohn in Höhe 20,59 Euro, wohingegen Frauen mit nur 16,20 Euro entlohnt wurden. Nach dieser Berechnung ergibt sich, dass Frauen in Deutschland aufgrund dieses Gender Pay Gap genau 77 Tage unentgeltlich arbeiten.

Und so wundert es auch nicht, dass sich Bundesregierung und Gewerkschaften stark im Kampf gegen die Lohndiskriminierung engagieren. Mit dem Ergebnis, dass sich bis zum Erscheinen dieses Buches nichts daran geändert hat. Ganz im Gegenteil. Im Vergleich zu unseren europäischen Nachbarländern weist Deutschland immer noch das größte Lohngefälle auf.

Gleicher Lohn für alle

Es ist nicht mein Anliegen, an dieser Stelle Lösungen für komplexe gesellschaftliche Herausforderungen zu präsentieren. Das würde nicht nur das Thema verfehlen, sondern uns auch weit aus dem bisherigen Kontext bringen. Mein Ziel ist, Ihnen mögliche Lösungswege für Ihre persönliche Situation aufzuzeigen.

Ein Trader beispielsweise kennt diesen Gender Pay Gap definitiv nicht. Warum auch? Gleicher Lohn für gleiche Arbeit. Wobei das zugegeben nur die halbe Wahrheit ist. Denn natürlich gibt es Einkommensunterschiede unter Tradern. Gewaltige Unterschiede sogar. Das liegt aber nicht am Geschlecht, sondern an einem anderen Faktor.

Der Grund für die unterschiedlichen Einkommen beziehungsweise Gewinne der Trader liegt in unterschiedlichen Kontogrößen. Es liegt auf der Hand, dass ein Trader mit einem kleinen Konto im Verhältnis auch nur kleine Gewinne erwirtschaften kann.

So nutzen viele Händler mit einem kleinen Konto CFD, um den deutschen Aktienindex zu handeln. Wenn wir uns an dieser Stelle vor Augen führen, dass mit einem einzelnen CFD im DAX® ein Punkt mit 1 Euro bewertet wird, dann wird deutlich, warum ein CFD-Händler den lieben langen Tag im Markt arbeiten muss, während sein Kollege mit einem anderen Instrument schon lange die Füße hochlegen kann. Ein anderes Instrument für den Handel im DAX® ist beispielsweise der DAX®-Future. Dieser wird mit 25 Euro pro Punkt bewertet. Das macht den Unterschied.

Wenn beide Händler zur gleichen Zeit eine Position eröffnen und auch wieder schließen, erzielen sie das gleiche Ergebnis – in Punkten. Aber eben nicht in Euro. Wenn jetzt zum Beispiel ein Gewinn in Höhe von 10 Punkten erzielt wird, nimmt der CFD-Trader exakt 10 Euro ein, wohingegen der Trader mit dem FDAX® 250 Euro Gewinn vereinnahmt. Wo der eine bereits sein Tagewerk vollbracht hat, läuft sich der andere erst warm – und muss weitermachen.

Das sind die Unterschiede, die eine ungleiche Bezahlung im Trading verursachen. Das ist aber nur auf den ersten Blick die ganze Wahrheit. Wer hinter die Kulissen schaut, der weiß, dass der Markt sich nicht darum schert, wer ihn handelt. Solange Sie Ihr Handwerk beherrschen, bekommen Sie gutes Geld für gute Arbeit. Egal wer oder was Sie sind. Das ist es, was zählt!

#52 … weil Trader 18 oder 81 Jahre alt sein können

»Wenn du denkst, dass du zu alt bist für Rock'n'Roll, dann bist du es.«

Ian Fraser »Lemmy« Kilmister

Erlauben Sie mir eine Frage: Wie alt sind Sie? Und falls Sie nicht bereits Trader sind: Was machen Sie beruflich? Wie alt ist Ihr ältester Kollege? Und Ihr jüngster?

Ich stelle diese Frage aus einem einfachen Grund. Einige Menschen wählen einen Beruf, in dem sie im jugendlichen Alter voll, im mittleren Alter nur noch bedingt und im höheren Alter kaum noch einsatzfähig sind. So gibt es Berufe im Handwerk, die Sie als junger Mensch gut ausüben können, als älterer kaum noch. Denken Sie beispielsweise an Berufe wie Dachdecker oder Zimmermann. Berufe, in denen ein hoher körperlicher Einsatz gefordert ist, sind nicht für jede Altersgruppe gleich geeignet. Möbelpacker beispielsweise.

So ist es auch nicht überraschend, dass im Jahr 2015 das durchschnittliche Renteneintrittsalter bei 61,6 Jahren lag. Da es sich um einen Durchschnitt handelt, gibt es eine Reihe von Menschen, die deutlich früher, aber auch eine Vielzahl, die deutlich später in Rente gegangen sind.

Im Kern bedeutet diese Erkenntnis, dass es viele Menschen gibt, die ihren gewählten Beruf nicht bis zum vollen Renteneintrittsalter von 65 oder 67 Jahren ausüben können. Selbst die Rente mit 63

Jahren bleibt für viele unerreichbar, was systembedingt Abschläge in der Versorgung mit sich bringt.

Man kann die Sache jedoch auch ganz anders betrachten. Es gibt genügend Berufe, die nur von lebensälteren und erfahreneren Menschen ausgeübt werden können. Stellen Sie sich beispielsweise einen Coach oder einen Unternehmensberater im ersten Lehrjahr vor. Was soll der Ihnen erzählen? Mit 16 Jahren Lebenserfahrung? In solchen Berufen muss zunächst einmal Kompetenz aufgebaut werden, bevor die Tätigkeit überhaupt aufgenommen werden kann. Dafür können Sie aber auch dann noch als Coach, Berater oder Trainer arbeiten, wenn andere schon längst mit der Decke überm Knie auf dem Sofa sitzen.

Alterslos im Job – alterslos im Markt

Nun gibt es auch eine Vielzahl an Berufen, in denen Sie eine Ausbildung als Jugendlicher beginnen und Ihre Arbeit mit Eintritt in die Rente mit 67 Jahren beenden. Ohne Unterbrechung schaffen es einige sogar, diese Zeit in ein und demselben Unternehmen zu verbringen. Diese Berufe gibt es natürlich auch, keine Frage.

Es gibt aber noch einen Beruf, der keine Altersgrenzen setzt – höchstens wenn wir es von der rechtlichen Seite her betrachten. Denn als Trader müssen Sie selbstverständlich geschäftsfähig sein. Dann aber ist es egal, wie alt Sie sind. Ob Sie nun mit 18 Jahren – oder über Papas Depot sogar früher – direkt im Anschluss an die Schule mit dem Trading beginnen oder im Anschluss an eine reguläre Berufslaufbahn erst als Pensionär voll in den Börsenhandel einsteigen, bleibt allein Ihnen überlassen.

So gibt es erfolgreiche Trader, die niemals irgendetwas anderes gemacht haben; Trader, die schon während der Schulzeit die Börsenkurse studiert haben und ihren Eltern so lange auf die Nerven gingen, bis diese die gewünschte Order platziert hatten. Und wenn ein Weg sich einmal bewährt hat, warum diesen nicht weiterverfolgen und den Beruf gleich voll ausüben? Ohne aufwendige Bewerbungsverfahren, ohne Einstellungsgespräche und ohne Karriereleiter. Sie können gleich loslegen. Selbstständig und auf eigene Rechnung. Während andere in der Berufsschule schwitzen und sich von einem Lehrjahr ins nächste quälen, erforschen Sie die Märkte und entwickeln passende Handelsstrategien.

Wir können das Berufsleben eines Traders noch von einer anderen Seite betrachten. Trader brauchen nicht in Rente zu gehen, nicht in den wohlverdienten Ruhestand. Das Feld den Jungen überlassen? Warum?

Als einer der erfolgreichsten Investoren und Trader ist Warren Buffett, Jahrgang 1930, weit über 80 Jahre alt und denkt keineswegs ans Aufhören. Gehört er vielleicht zum »alten Eisen«? Oder haben Sie das Gefühl, dass der gleichaltrige George Soros es nicht mehr draufhaben könnte? Der bekennende Spekulant André Kostolany wurde 93 Jahre alt und denken Sie bloß nicht, dass er irgendwann vom Markt abgelassen hätte.

Trading, Investition, Geldanlage oder auch Spekulation ist also in jedem Alter möglich. Wichtig ist, dass Sie sich für das, was Sie machen, begeistern können. Dass das, was Sie machen, Sie mit Sinn erfüllt.

Arm in der Jugend, reich im Alter?

Wie können Sie nun als junger oder älterer Mensch das Trading gestalten? Was ist altersgerechtes Trading, falls es das überhaupt gibt? Nun, darüber können wir passenderweise nur spekulieren. Es erscheint aber naheliegend, dass ein Trading in den sehr kurzfristigen Zeitfenstern für jüngere Menschen eher interessant ist als für ältere.

Ein Grund dafür ist sicherlich in der Kapitalausstattung zu finden. Im Regelfall verfügen jüngere Menschen über weniger Kapital als ältere. Und mit weniger Kapital lassen sich in langfristigeren Zeitfenstern eben nicht die Beträge erzielen, die sich aufsummiert über die kurzfristigen ergeben können. Umgekehrt können ältere

Menschen oftmals auf ein größeres Vermögen zurückgreifen. Warum sollten diese dann im 1-Minuten-Chart auf die Jagd nach ein paar Punkten gehen, wenn der Ertrag aus einer mittelfristigen Kapitalanlage ebenso zum Leben reicht?

Zusammenfassend ist es also weniger eine Frage des Alters als der Kapitalausstattung, welche die Wahl Ihres Anlagehorizonts bestimmt. Als Trader können Sie aber in jedem Lebensalter aktiv werden und auch bleiben. Am Ende bestimmen Sie, wann Sie anfangen und aufhören wollen – und niemand sonst.

#53 … weil Trader die Karriereleiter von selbst erklimmen

»Beim gesellschaftlichen Aufstieg empfiehlt es sich, freundlich zu den Überholten zu sein. Man begegnet ihnen beim Abstieg wieder.«

Jo Herbst

Die klassischen Lebenswege sind in unserer Gesellschaft fest vorgegeben. Erst kommt die Schule, dann die Ausbildung oder das Studium und am Ende steht die Suche nach einer guten Stelle in einem soliden Unternehmen. Ist die erst einmal gefunden, gilt es, nicht nur möglichst lange im Unternehmen zu bleiben, sondern idealerweise auch in diesem Karriere zu machen.

Warum auch nicht? Letztlich macht es für viele Menschen Sinn, sich langfristig an ein Unternehmen zu binden. Die Gründe sind vielfältig. Da ist zunächst einmal die eigene Immobilie. Menschen siedeln sich naturgemäß dort an, wo sie ihren Lebensunterhalt verdienen. Ist das langfristig geplant, wird eben gekauft oder gebaut und nicht nur gemietet.

Dann spielt natürlich auch das soziale Umfeld eine gewichtige Rolle. Die Familie, der Freundeskreis, die Sportsfreunde und die vielen Bekannten in der Nachbarschaft, die sich im Laufe eines Lebens angesammelt haben. Nicht zu vergessen das soziale Umfeld der Partnerin oder des Partners sowie der Kinder. Wer will das schon so einfach aufgeben?

Zu guter Letzt müssen wir fairerweise festhalten, dass ein Unternehmenswechsel auch nicht ganz risikofrei ist. Nicht selten merkt man nämlich erst dann, was man aufgegeben hat, wenn es nicht mehr existiert. So hat jedes Unternehmen eine eigene Firmenkultur oder einen bestimmten Führungsstil. Pech, wenn man mit diesem nicht konform geht.

Außerdem ist man im neuen Unternehmen »der Neue«, der sich erst noch beweisen muss. Nicht umsonst gibt es eine Probezeit. So kommt zum Stress des Neuen noch ein erhöhter Leistungsdruck hinzu – die ersten 100 Tage sind schließlich entscheidend. Und wenn es dann nicht wie erhofft im neuen Unternehmen klappt? Dann wird das Glück notgedrungen in einem nächsten Unternehmen gesucht. Kein Wunder also, dass Personalberater regelmäßig eine gehörige Schippe auf das aktuelle Gehalt drauflegen müssen, um einen Leistungsträger von seinem Unternehmen abzuwerben.

Karriere – ein Selbstgänger?

Folglich erscheint es nur logisch, dass die eigene berufliche Zukunft eng mit dem Unternehmen verknüpft wird, in dem man sich bereits etabliert hat. Und so wird an Ort und Stelle eine Karriere angestrebt. Aber auch das ist mit einem gewissen Risiko verbunden.

Wenn wir an dieser Stelle einmal voraussetzen, dass Ihre Qualifikation für den nächsten Karriereschritt gegeben ist und auch sonst keine Einwände gegen Ihre Beförderung bestehen, dann gibt es immer noch eine letzte entscheidende Hürde: die Verfügbarkeit einer entsprechenden Position. Je kleiner das Unternehmen ist, in dem Sie arbeiten, umso größer ist diese Hürde. Entweder es gibt im Unternehmen eine gesunde Fluktuation oder aber das Unternehmen wächst. Wenn beides jedoch nicht zutrifft, herrscht in Sachen Karriere Stillstand.

Und so kann Jahr um Jahr ins Land ziehen. Während Sie älter werden, werden die Angebote vom Wettbewerb weniger. Wird dann doch endlich irgendwann eine Position frei – soll ein junger externer Kandidat frischen Wind in die Abteilung bringen.

Wer also nicht lange warten will und wegen seiner Karriereplanung einen Unternehmenswechsel in Betracht zieht, muss mit entsprechenden Konsequenzen rechnen. Nicht nur, was die oben genannten Risiken betrifft, sondern auch, was die eigene Lebensqualität angeht. Denn nicht immer lässt sich das berufliche Weiterkommen am eigenen Wohnort realisieren. Wer sich aber bereits räumlich festgelegt hat, der findet sich als Wochenendpendler mit Zweitwohnung, doppelter Haushaltsführung und hohen Reisekosten wieder.

Aber was tut man nicht alles, um das eigene Vorankommen zu sichern ...

Karriere in Eigenregie: die Trader-Karriere

Für uns Trader ist mal wieder alles anders. Zum Glück, möchte ich sagen, denn die Tatsache, dass eine Karriere in einem Unternehmen nicht nur vom eigenen Können abhängt, lässt den Trader-Beruf auch unter diesem Aspekt besonders attraktiv erscheinen.

Dass in einem Unternehmen nicht jeder Karriere machen kann, der sich dazu berufen fühlt, liegt allein daran, dass es einfach mehr Mitarbeiter als Vorgesetzte geben muss. Auch die Anzahl der Stabsstellen oder Plätze für eine Fachkarriere sind begrenzt. Dementsprechend ist Können und Wollen leider nicht immer ein Garant für den steilen Aufstieg auf der Karriereleiter.

Sicher, wer unbedingt will, der kann seine Karriere über mehrere Unternehmenswechsel immer weiter vorantreiben. Doch das heißt auch, die damit verbundenen Risiken und Opfer in Kauf zu nehmen.

Pendeln, Umzüge und Unternehmenspolitik sind Tradern fremd. Gerade unter dem Aspekt, dass wir unseren Beruf bequem von zu Hause aus ausüben können, ist der Vergleich mit einer klassischen Unternehmenskarriere mehr als verlockend. Denn das zeigt deutlich, dass wir nicht davon abhängig sind, dass uns ein Vorgesetzter unterstützt, um uns eine Beförderung zu ermöglichen, oder dass eine entsprechende Stelle frei ist, in die wir gelangen können. Nein, unsere Stelle ist bereits da. Von uns selbst geschaffen und qualifiziert.

Selbstverständlich treiben wir Trader unsere Karriere selbst voran, denn Karriere im Trading bedeutet nichts anderes, als kontinuierlich besser zu werden. Karriere für Trader ist messbar an den verschiedenen Strategien und Produkten, die wir für unser Trading nutzen können.

Wenn Sie Ihr Trading vielleicht zunächst mit einer einfachen Trendfolgestrategie beginnen, machen Sie Karriere, indem Sie Ihr Wissen und Ihre Fähigkeiten kontinuierlich erweitern. So kommen mit jeder Karrierestufe, die Sie erklimmen, neue Strategien und Ideen hinzu. Je weiter Sie sich in Ihrer eigenen Karriere entwickeln, umso größer wird Ihr Wissen und umso mehr Tricks und Kniffe kennen Sie. Je weiter Sie sich zur Spitze vorarbeiten, umso größer wird Ihre Verantwortung für Ihr Kapital. Denn mit wachsenden Kompetenzen und Know-how wird auch Ihr Handelskonto größer. Sie können mehr Kapital ins Risiko bringen – und damit auch Ihr Einkommen stetig steigern. Dadurch erklimmen Sie automatisch Ihre eigene Karriereleiter im Trading.

#54 … weil Trading eine Selbstständigkeit mit geringen Fixkosten ist

»Unternehmer sein heißt, eine differenzierte Sicht der Zukunft zu haben.«

Ludwig von Mises

Das Schicksal in die eigenen Hände nehmen. Frei sein von Vorgaben, Zwängen und Hierarchien. Selbst entscheiden, was zu tun und zu lassen ist, und eigenverantwortliches Arbeiten: Diesen Traum von der Selbstständigkeit haben viele Menschen. Leider bleibt es oft bei einem Traum.

So ist die Anzahl der Existenzgründungen seit Jahren rückläufig. Gab es 2012 noch 428.000 Gründungen, so waren es 2015 nur noch 388.000 – Tendenz anhaltend. Fast scheint es so, als dass die Menschen der Mut zur Selbstständigkeit und Eigenverantwortung verlassen hätte. Woran könnte das liegen?

Selbstständig sein heisst verkaufen können

Machen wir uns nichts vor. Selbstständigkeit bedeutet nicht nur, ein wie auch immer geartetes Produkt zu entwickeln, sondern es auch immer wieder neu zu vermarkten. Wer selbst schon einmal zum Hörer gegriffen hat, um eine Kaltakquise bei einem potenziellen Kunden zu beginnen, weiß, was ich meine. Es ist wirklich nicht jedermanns Sache, einen potenziellen Kunden anzurufen, sich zum Entscheider durchzufragen und diesen in ein paar prägnanten Sätzen von der eigenen Leistung zu überzeugen. Glauben Sie mir, Sie benötigen viel Selbstvertrauen und eine gehörige Portion Resilienz, wenn Sie sich dem aussetzen. Genau das müssen Selbstständige tun. Tag für Tag, Woche für Woche. Das ganze Jahr lang. Dass das verkaufte Produkt mehr als gut sein muss, versteht sich an dieser Stelle von selbst.

Unternehmertum – eine Kostenfrage

Selbst wer über entsprechendes verkäuferisches Talent und Geschick verfügt, ist noch lange nicht im Geschäft. Eine Selbstständigkeit ist immer auch mit Kosten verbunden. Das beginnt bei der Wahl der Rechtsform. Als Freiberufler oder Personengesellschaft haben Sie es da am besten. Sie haben keine Kosten der Unternehmensgründung, sind aber als Person unbegrenzt haftbar. Kein wirklicher Spaß, wenn Sie in Regress genommen werden.

Dann doch lieber eine Kapitalgesellschaft gründen – vielleicht eine GmbH? Dafür müssen Sie tief in die Tasche greifen und ein Stammkapital in Höhe von 25.000 Euro als Firmenvermögen einbringen. Diese sind dann aber auch die Haftungsbeschränkung, wenn es doch einmal schiefgehen sollte. Als Alternative bietet sich eine Unternehmergesellschaft an, die UG, bei der die Stammeinlage erst während der Geschäftstätigkeit angespart wird[13].

Für welche Rechtsform Sie sich auch entscheiden, die grundsätzlichen Kosten einer Gründung bleiben Ihnen nicht erspart. Von der Rechtsberatung über den Eintrag einer Marke bis hin zur Erstellung von Website und Produktkatalogen müssen Sie sich auf umfangreiche Anfangsinvestitionen einstellen. Sind diese aber geleistet, sind Sie im Geschäft und können loslegen.

Was kosten wohl Geschäftsräume in Ihrer Stadt? Ein einfaches Büro in einer Gemeinschaft oder doch lieber ein Heimbüro? Firmenwagen oder Car-Sharing? Feste Mitarbeiter oder Aushilfen und Freelancer? Fragen über Fragen und natürlich können wir sie an dieser Stelle nicht erschöpfend behandeln. Ich denke aber, Sie können sich ein Bild davon machen, was auf einen Gründer an fixen Kosten zukommt.

Der Punkt, den viele Gründer übersehen, ist, dass der Block der fixen Kosten für Miete und Personal immer anfällt – Monat für Monat. Unabhängig davon, ob Umsätze erzielt werden oder Sie noch mitten in der Akquise stecken. Die Kosten fallen an und schmälern Ihr Geschäftskonto unerbittlich.

Das war noch nicht alles. Denn es kommen noch weitere Kosten hinzu, die ebenfalls fest einzuplanen sind: Ihre eigenen. Sie müssen nicht nur das Geschäft am Leben erhalten, sondern auch sich selbst. Auch dieser Punkt wird schnell unterschätzt und bringt die Rechnung für viele in kurzer Zeit in den negativen Bereich.

Neben den fixen wiederkehrenden Kosten gibt es natürlich die variablen Kosten. Diese fallen immer dann an, wenn das Geschäft tatsächlich durchgeführt wird. Das können beispielsweise Kosten für Broschüren oder Reisekosten für ein Kundengespräch sein. Wer keine Gespräche führt, muss auch keine Reisen buchen. Sie wissen, worauf ich im Sinne der variablen Kosten hinaus will.

Zusammenfassend können wir festhalten, dass eine Selbstständigkeit gerade am Anfang mit einem hohen Kostenblock verbunden ist, der sich in umfangreiche Investitionen verteilt. Wer seine fixen Kosten nicht im Blick hat, ist gerade in der Anfangsphase, wenn nicht ganz so viele Aufträge im Buch stehen, schnell wieder am Ende – mit seiner Selbstständigkeit.

Wenn wir das ganze Thema der Kosten noch mit dem immerwährenden verkäuferischen Aufwand verbinden, erscheint es nachvollziehbar, warum der Sprung in die Selbstständigkeit immer seltener gewagt wird.

Selbstständig als Trader – welche Kosten fallen an?

Auch als Trader benötigen Sie eine umfangreiche Anfangsinvestition, die sich deutlich im fünfstelligen Bereich bewegen muss. Denn natürlich schaffen es die wenigsten, mit einem 5000-Euro-Handelskonto jedes Jahr 60.000 Euro Gewinn[14] zu erwirtschaften. Ein Konto in Höhe von 50.000 Euro kommt schon eher in Betracht. Der Unterschied ist, dass Sie diesen Betrag nicht direkt investieren, sondern als Ausgangsbasis für Ihre Positionsgrößenbestimmung und Ihr Risiko-Management heranziehen können. Das Geld ist also weiterhin da – ganz im Gegenteil zu einer Anfangsinvestition in Materialien und Produkte.

Als Trader ist Ihre Rechtsform zunächst die natürliche Person. Natürlich können Sie irgendwann darüber nachdenken, ob Sie eine Kapitalgesellschaft gründen, notwendig ist das zu Beginn aber nicht. Auch werden Sie keine Anfangsinvestitionen vornehmen müssen, von der technischen Ausstattung und Ihrem »Büro« einmal abgesehen. Der Aufwand aber ist gering: Mit einem Tisch, einem Stuhl sowie einem handelsüblichen PC mit ein oder zwei Monitoren können Sie bereits komfortabel durchstarten.

Als Trader müssen Sie kein Büro anmieten – Sie arbeiten von zu Hause aus, schließlich empfangen Sie keine Kunden. Mitarbeiter benötigen Sie auch nicht. Wofür auch? Die Abrechnungen bekommen Sie von Ihrem Broker, den Rest macht der Steuerberater. Für alles Weitere gibt es Dienstleister, die Sie nach Aufwand entlohnen. Brauchen Trader einen Firmenwagen? Nur zu Repräsentationszwecken. Und für Besuche bei der Verwandtschaft können Sie den Sportwagen auch übers Wochenende anmieten.

Geringe Fixkosten, die, wie im Falle der Miete, auch noch mit den Kosten für die eigene Lebensführung korrespondieren, überschaubare variable Kosten sowie keine Notwendigkeit für Produktentwicklung und Kundenakquise machen den Beruf des Traders zu einer attraktiven Form der Selbstständigkeit. Einzig und allein die unvermeidbaren Verluste treten als Kosten des Geschäfts auf. Diese aber sind variabel und es liegt in Ihrem Können, sie entsprechend gering zu halten. Also, worauf warten Sie noch?

#55 … weil Trader lebenslang lernen

»Das Vergnügen, recht zu behalten, wäre unvollständig ohne das Vergnügen, andere ins Unrecht zu setzen.«

Voltaire

Ich weiß nicht, was Sie vom Lernen halten. Ich für meinen Teil kann sagen, dass ich gerne Neues erfahre, dass ich gerne etwas lerne. Doch das war nicht immer so.

Früher in der Schulzeit fand ich manche Themen wirklich nicht interessant. Immer wenn ich mich über ein in meinen Augen besonders langweiliges Themengebiet beschwerte, bekam ich als Antwort: »Nicht für die Schule, sondern für das Leben lernen wir.« Ich bin mir sicher, Sie sind ebenfalls mit dieser Aussage vertraut.

Erst im Nachhinein macht der Satz Sinn für mich. Nicht was die langweiligen Themen der Schulzeit betrifft, die sind auch heute noch langweilig. Nein, ich meine, dass wir eben nicht nur für eine Prüfung oder einen Abschluss lernen, sondern tatsächlich für das, was danach kommt.

Lernen für den eigenen Erfolg

So ist es natürlich auch im Trading. Wer sich zum allerersten Mal mit der Materie beschäftigt, der wird den Wald vor lauter Bäumen nicht sehen. Was gibt es zum Börsengeschehen nicht alles zu wissen und zu lernen. Von der generellen Funktionsweise der Finanzmärkte über den Aufbau und die Struktur besonderer Produkte bis hin zu komplexen Handelsstrategien und Regeln. Ihrem Wissensdurst sind im Börsenhandel keine Grenzen gesetzt und Sie können sich nach Herzenslust austoben. Wenn Sie denn wollen.

Denn der Unterschied zwischen dem, was wir in der Schule lernen mussten, und dem, was wir uns heute vor die Nase halten, ist, dass wir heute freiwillig lernen. Heute gibt es keinen schriftlichen Test und auch keine Benotung. Heute lernen wir für unseren eigenen Erfolg. Genauer gesagt: Wir müssen immer weiter lernen.

Denn obwohl kein schriftlicher Test stattfindet und Sie nicht nach Einzelheiten gefragt werden, müssen Sie sich als Trader öfter und länger auf den Hosenboden setzen, als Sie es als Schüler je getan haben. Denn heute haben Sie die härteste und gnadenloseste Prüfungskommission, die es gibt: den Markt. Heute werden Sie jeden Tag aufs Neue geprüft.

Dabei wird der Markt sämtliche Wissenslücken bloßlegen. Unbarmherzig und gnadenlos. Haben Sie Ihre Hausaufgaben einmal nicht gemacht, wird der Markt Sie nicht ermahnen, nein, er wird Sie sofort bestrafen. Denn dann sind die anderen besser als Sie. Besser informiert, besser ausgebildet und besser trainiert. Und wer besser ist, wird das Spiel gewinnen – und die anderen leer ausgehen lassen.

Lassen Sie es also nicht so weit kommen. Denn das Schöne am Trading ist, dass wir jederzeit selbst über unser Schicksal entscheiden können. Wenn Ihnen gestern gehörig das Fell über die Ohren gezogen wurde, so haben Sie heute die Möglichkeit, mit neuem Wissen und veränderter Strategie den Spieß umzudrehen.

In diesem Sinne können wir das Trading auch als steten Wettkampf verstehen, in dem der als Gewinner vom Platz geht, der sich besser auf diesen Wettkampf vorbereitet.

Strategie und Gegenstrategie

Doch mit Lernen allein ist es nicht getan. Warum nicht das erworbene Wissen nutzen und andere in die Kunst des Tradings einweihen?

Keine Sorge, Ihre Schüler werden Ihnen Ihren Platz am Markt nicht streitig machen. Ganz im Gegenteil. Wenn viele an einem Strang ziehen, wird aus einer Analyse eine sich selbst erfüllende Prophezeiung.

Theoretisch zumindest. Denn sobald eine Strategie als funktionierend im Markt erkannt wurde, können Sie davon ausgehen, dass umgehend Strategien entwickelt werden, um aus deren Gegenteil Kapital zu schlagen. So war beispielsweise der Handel von Ausbrüchen so lange erfolgversprechend, bis die Idee aufkam, einen Ausbruch nur vorzutäuschen, um den Markt anschließend in die Gegenrichtung zu treiben – und damit die Dynamik all derer zu nutzen, die sich von ihren Schieflagen trennen müssen. So wird aus einem Ausbruch ein Fehlausbruch – und eine bewährte Strategie verwandelt sich in ihr Gegenteil.

Wir müssen uns im Trading immer wieder neu einstellen. Auf eine erfolgreiche Strategie folgt eine darauf abzielende Gegenstrategie. Hand aufs Herz: Macht dieses immerwährende Spiel nicht letztlich auch das Salz in der Suppe aus? Sorgen diese immer wieder neuen Herausforderungen, denen wir uns stellen und für die wir wiederum neue Lösungen finden müssen, nicht dafür, dass sich Trading überhaupt weiterentwickelt?

Und so dreht sich das Karussell weiter und weiter – und wir haben immer wieder Neues zu entdecken und zu lernen.

Ein paar Worte zum Schluss …

»Wenn die Börsenspekulation leicht wäre, gäbe es keine Bergarbeiter, Holzfäller und andere Schwerarbeiter. Jeder wäre Spekulant.«

André Kostolany

Beruf Trader – ein Traumberuf? Wenn Sie mich fragen, kann ich Ihnen nur mit einem »Ja« antworten. Doch das ist eine Frage, die jeder für sich selbst beantworten muss. Wir haben uns 55 Gründe zusammen angeschaut, die für diesen Beruf sprechen. 55 gute Gründe, wie ich meine.

Wir haben immer wieder den Bezug zwischen der Welt da draußen, der Arbeit als Angestellter in einem Unternehmen und der Arbeit als privater Trader hergestellt. Nicht immer sind die Gegensätze groß, oftmals gibt es Parallelen. Warum auch nicht, Beruf ist nun einmal Beruf. Und wer sich zu einer Aufgabe hingezogen fühlt, soll diese auch ausüben. Egal worum es geht.

Ich habe nicht den Anspruch, Sie vom Trading zu überzeugen. Das hätte auch keinen Sinn, denn wenn Sie bis jetzt noch nicht selbst auf diesen Gedanken gekommen sind, ist Trading auch nicht Ihr Metier.

Es geht mir vielmehr darum, Sie in Ihrer Entscheidung für das Trading zu bekräftigen. Sie zu unterstützen, Ihre Entscheidung auch nach außen zu kommunizieren. Ich will Ihnen Argumente an die Hand geben, die Sie nutzen können, um von Ihrem Traumberuf zu berichten. So wie auch ein beliebiger anderer von seinem Beruf berichtet.

Trading ist eine Leidenschaft. Wir können Trading lieben, darüber haben wir gesprochen. Doch wie es so ist mit der Liebe, ab und an müssen wir auch Enttäuschungen und Rückschläge verkraften. Dann schafft das Trading eher Leiden und die Liebe verkehrt sich in ihr genaues Gegenteil. Auch damit müssen wir umgehen können und das ist mit ein Grund, warum ich dieses Buch geschrieben habe. Wenn uns die Börse zum x-ten Mal einen Streich spielt, ist es gut, wenn wir uns wieder auf den Grund unseres Handelns besinnen. Wenn wir wieder zurückfinden können zu unserer ursprünglichen Motivation und unseren Blick wieder auf das Wesentliche richten.

Was ist das Wesentliche im Trading? Die Freude an jedem einzelnen Trade. Die Freude an einer professionellen Planung und dem anschließenden Erlebnis, wie diese Planung aufgeht. Zu sehen, wie der Markt die prognostizierte Richtung aufnimmt, und anschließend den Trade über das Positionsmanagement in den Gewinn zu führen und ihn dort zu halten. Um dann auszusteigen, wenn der Markt eine andere Richtung einschlägt, und sich über das eigene professionelle Verhalten zu freuen. Sicherheit darin zu gewinnen, eine Entscheidung zu treffen und anschließend das Richtige zu tun. Das ist das Wesentliche im Trading. Wer sich das immer wieder vor Augen führt, weiß, dass der finanzielle Erfolg automatisch kommt. Erfolg ist, was folgt, wie es in der Management-Literatur so schön heißt.

Doch um dauerhaften Erfolg zu haben, bedarf es eines entsprechenden Wissens. Die Gründe, um zu beginnen, haben Sie. Doch haben Sie auch das Rüstzeug, das Know-how für den Börsenhandel?

Trading bedeutet lebenslanges Lernen, wir sprachen darüber, und irgendwo muss das Lernen seinen Ursprung haben. Wenn Sie sich also ernsthaft mit dem Gedanken tragen, eines Tages vom Trading zu leben, fangen Sie besser früher als später mit einer Ausbildung an. Es gibt mittlerweile eine Reihe an hochwertigen und qualifizierten Ausbildungsformaten, die Sie für sich in Anspruch nehmen können. Natürlich unterstütze auch ich Sie gerne im Rahmen der Angebote der TORERO TRADERS SCHOOL auf Ihrem Weg zum erfolgreichen Trader.

Eine Ausbildung kostet Geld. Doch dieses Geld ist gut investiert. Denn dadurch können Sie den langen, teuren und schmerzhaften Weg über die eigenen Versuche am Markt um einiges abkürzen und schneller in die Profitabilität kommen. Je früher Sie also mit Ihrer Aus- und Weiterbildung beginnen, umso früher werden Sie davon profitieren. Fangen Sie also gleich jetzt damit an!

Ich wünsche Ihnen viel Erfolg und Freude auf Ihrem Weg in die Welt des Tradings!

Ihr Wieland Arlt

Über den Autor:

Dipl.-Volkswirt Wieland Arlt ist CFTe®, aktiver Trader sowie zertifizierter Coach und Trainer. Er blickt auf mehr als zehn Jahre Trading zurück und hat in dieser Zeit wertvolle Erfahrungen in den Finanzmärkten sammeln können.

Seine zahlreichen Artikel zum Thema Trading finden im In- und Ausland eine breite Leserschaft. Auf Fachmessen ist er ein gefragter Redner und fachkundiger Gesprächspartner.

Das Buch von Wieland Arlt *Risiko- und Money-Management – Simplified* ist seit Erscheinen im FinanzBuchVerlag ein Bestseller der Börsenliteratur.

Als aktivem Trader, Coach und Trainer ist Wieland Arlt in der Trader-Ausbildung die Vermittlung von einfach verständlichen und damit auch leicht umsetzbaren Handelsansätzen wichtig. Gerade die Berücksichtigung der individuellen Voraussetzungen eines jeden Traders nimmt in seinen Ausbildungen einen großen Stellenwert ein.

In seiner »TORERO TRADERS SCHOOL« kombiniert Wieland Arlt auf einzigartige Weise bewährte Trading-Konzepte und erlebtes Praxiswissen mit seinen Erfahrungen als Management-Trainer.

Sein erklärtes Ziel in allen Ausbildungen ist, Trader dabei zu unterstützen, ihre finanziellen Ziele selbstbestimmt zu erreichen und nachhaltig erfolgreich an den Finanzmärkten zu handeln.

Wieland Arlt ist unter get-ready@torero-traders-school.com zu erreichen.

TORERO TRADERS SCHOOL

GET READY FOR THE BULL

Gutschein für ein Webinar mit Wieland Arlt

Wer sich für Trading und Börsenhandel interessiert und die Bücher von Wieland Arlt mag, ist auf seinen Webinaren, Seminaren und Ausbildungen bestens aufgehoben. Mit diesem Gutschein haben Sie die Möglichkeit, ein Webinar kostenfrei zu erleben.

(Pro Person ist nur ein Gutschein einlösbar. Der Betrag ist nicht in bar auszahlbar.)

So funktioniert es:

1. Gehen Sie auf www.torero-traders-school.com/55Gruende
2. Wählen Sie das angegebene Webinar aus.
3. Geben Sie den untenstehenden Code ein.
4. Folgen Sie den weiteren Anweisungen auf der Website und freuen Sie sich auf Ihr Webinar.

Gutscheincode:
55-NCTTSWEB

Hinweis: Bis zum 31. Dezember 2018 findet das Webinar zu den angegebenen Terminen live statt, danach wird eine Aufzeichnung bereitgestellt.

Anmerkungen

1 Werner Bergmann: Was sind Vorurteile? In: Vorurteile – Stereotype – Feindbilder. (Informationen zur politischen Bildung. Heft 271)

2 Der MSCI World bildet die Entwicklung der größten Firmen der Welt in einem Index ab.

3 https://de.statista.com/statistik/daten/studie/164047/umfrage/jahresarbeitslohn-in-deutschland-seit-1960/, abgerufen am 14. November 2016.

4 Bitte beachten Sie, dass es sich um eine grobe Berechnung handelt, die individuelle Unterschiede ausblendet. Dazu gehören beispielsweise die exakte Steuerklasse sowie das Bundesland, in dem der Steuerpflichtige lebt. Für unsere grundsätzliche Betrachtung sollte das aber genügen.

5 In der Diskussion um die Rente wird immer wieder von dem durchschnittlichen Jahresentgelt ausgegangen. Wir wollen dieses aus Gründen der Vereinfachung und zur besseren Darstellung mit dem definierten Wert des durchschnittlichen Bruttojahresgehaltes gleichsetzen. Für eine exakte Berechnung Ihrer Rentenansprüche und der damit einhergehenden Rentenlücke wenden Sie sich bitte an die entsprechende Behörde oder Beratungsstelle.

6 Bitte verstehen Sie diese Berechnungen als Näherungswert. Mir ist es in diesem Buch wichtig, Ihnen einen Eindruck über den Stand der Dinge zu vermitteln. Bitte nutzen Sie diese Informationen als Impuls für Ihre weiteren individuellen Recherchen.

7 Wir wollen als Berechnungsgrundlage 20 Jahre ansetzen, das gibt uns einen gewissen Puffer, man weiß ja nie ...

8 Ausgenommen aus unserer Betrachtung ist die Inflation, wir wollen es zum Verständnis einfach halten.

9 Sie können unter http://www.zinsen-berechnen.de/entnahmeplan.php gerne eigene Berechnungen anstellen.

10 http://www.finanzen.net/nachricht/fonds/Raus-aus-der-Zinsfalle-Serie-Teil-1-Die-besten-Fonds-der-Welt-4199295, abgerufen am 10. September 2016

11 Bitte beachten Sie, dass die steuerliche Seite für unsere Betrachtung unberücksichtigt bleibt.

12 Unter http://wanderingtrader.com/ können Sie die Reisen von Marcello Arrambide verfolgen.

13 Diese Beschreibungen sollen Ihnen einen ersten Eindruck vermitteln. Wenn Sie sich mit dem Gedanken tragen, ein Unternehmen zu gründen, so gibt es umfangreiche Literatur und Beratungsstellen. Nutzen Sie diese bitte!

14 Natürlich können Sie sich auch mit weniger zufriedengeben. Eine Jahresperformance von 60.000 Euro bedingt, dass Sie jeden Monat 5000 Euro erwirtschaften. Jeden einzelnen Monat.

Risiko- und Money-Management simplified

Wieland Arlt

Für jeden Trader ist ein professionelles Risiko- und Money-Management unverzichtbar, um Trading-Ergebnisse dauerhaft und nachhaltig zu verbessern. Im Eifer des Tradings wird das oft vernachlässigt. Deshalb stellt Wieland Arlt in seinem Buch einfache Methoden vor, die in der Praxis mit wenig Aufwand umzusetzen sind.

Er erläutert für unterschiedliche Handelsstile verschiedene Konzepte, sodass kurz- und mittelfristig orientierte Trader von der Planung eines Trades bis hin zur Wahl des passenden Finanzproduktes individuell begleitet werden. Wieland Arlt gibt praxisnahe Hinweise und demonstriert, dass ein professionelles Risiko- und Money-Management Trading-Erfolg planbar macht.

224 Seiten | Softcover | 14,99 € (D) | ISBN 978-3-89879-860-0

Trading für Einsteiger simplified

Daniel Schütz

Worin unterscheidet sich ein erfolgreicher Trader von einem nicht so erfolgreichen? Diese alles umfassende Frage beantwortet der Autor mit seinem Buch. Der Schlüssel zum Erfolg liegt nicht in einem komplizierten Handelssystem, sondern gründet sich auf den Grundlagen der Technischen Analyse.

Der Autor nimmt den Trading-Anfänger an die Hand und begleitet ihn Schritt für Schritt, beginnend mit der Brokerwahl bis hin zum ersten eigenen Trade. Hierbei unterscheidet sich dieses Buch von vielen anderen. Denn dieses Buch entstand nicht am Schreibtisch, sondern in der Praxis.

272 Seiten | Softcover | 14,99 € (D) | ISBN 978-3-89879-643-9

CFD-Trading simplified

Daniel Schütz

CFDs – Contracts for Difference – sind nicht nur für Sie als Trader, sondern auch für Privatanleger ein vielversprechendes Instrument. Mit CFDs können Sie überproportionale Gewinne erzielen und in verschiedensten Assetklassen wie Rohstoffe, Aktien, Indizes und Währungen handeln. Für Sie als Anleger sind aber auch die transparente Preisbildung, die Möglichkeit, mit kleinen Stückzahlen zu handeln und die Option interessant, auch auf fallende Kurse zu setzen.

Mit Erdal Cene, Michael Voigt und Andreas Braun geben zudem drei erfahrene Praktiker und Trader Einblicke in ihre persönlichen Erfahrungen beim Handel mit CFDs. Das Wissen der Profis – erstmals gebündelt in einem Buch.

256 Seiten | Softcover | 14,99 € (D) | ISBN 978-3-89879-863-1

Kursziele bestimmen mit Fibonacci simplified

Karin Roller

»Die Gesetze der Massenpsychologie folgen der Fibonacci-Zahlenreihe.« Mit dieser fundamentalen These kann die zentrale Prämisse der Anhänger von Fibonacci-Techniken, insbesondere der Elliott-Wellen-Theorie, beschrieben werden. Tatsächlich sind in Kursverläufen immer wieder Fibonacci-Zahlen und -Relationen anzutreffen. Dies gilt nicht nur für die Verhältnisse von Trend und Korrektur (Retracements), sondern auch für die Verhältnisse der Trend- und Impulsbewegungen zueinander. Auch für die zeitliche Dimension zwischen Hoch- und Tiefpunkten stellen Fibonacci-Techniken oftmals ein adäquates Analyse-Instrument dar. Karin Roller beschreibt kurz, prägnant und leicht verständlich theoretische Hintergründe und vermittelt leicht nachvollziehbare Beispiele aus der Praxis.

192 Seiten | Softcover | 14,99 € (D) | ISBN 978-3-89879-665-1